CHINA'S SMALL AND MEDIUM-SIZED ENTERPRISE
RESTRUCTURING AND LISTING OPERATION MANUAL 2020

中国中小企业改制上市操作手册 |2020|

上海市投资促进服务中心
上海市中小企业上市促进中心 ◎主编

中国经济出版社
CHINA ECONOMIC PUBLISHING HOUSE

·北京·

图书在版编目（CIP）数据

中国中小企业改制上市操作手册.2020/上海市投资促进服务中心，上海市中小企业上市促进中心主编.
—北京：中国经济出版社，2020.5（2023.8重印）
ISBN 978-7-5136-6136-2

Ⅰ.①中… Ⅱ.①上… Ⅲ.①中小企业—上市公司—中国—手册 Ⅳ.① F279.246-62

中国版本图书馆CIP数据核字（2020）第062384号

选题策划　汪　京
责任编辑　葛　晶
责任印制　马小宾
封面设计　任燕飞装帧设计工作室

出版发行　中国经济出版社
印 刷 者　北京建宏印刷有限公司
经 销 者　各地新华书店
开　　本　710mm×1000mm　1/16
印　　张　15.25
字　　数　234千字
版　　次　2020年5月第1版
印　　次　2023年8月第2次
定　　价　88.00元
广告经营许可证　京西工商广字第8179号

中国经济出版社　网址 www.economyph.com　社址 北京市西城区百万庄北街3号　邮编 100037
本版图书如存在印装质量问题，请与本社发行中心联系调换（联系电话：010-68330607）

版权所有　盗版必究（举报电话：010-68355416　010-68319282）
国家版权局反盗版举报中心（举报电话：12390）　服务热线：010-88386794

编委会

顾　　　问：吴金城
编委会主任：吕　鸣
主　　　编：王　东
执 行 主 编：顾月明
副　主　编：占海燕　朱其云
策 划 编 辑：杨珺艳
编　　　委（按姓氏笔画排序）：
　　　　　　丁佳馨　王剑锋　陈凡轶　邵亦珺　周立新
　　　　　　洪晓辉　洪小龙　唐倩星　倪　煜　夏明轲
　　　　　　袁婧妍　顾洪涛　屠昊东　崔　伟　崔晓亮
　　　　　　潘姿羽　戴　伟

前　言

随着科创板的推出和《证券法》的修订，中国资本市场的全面深化改革正大步向前。境内股票发行正面临由核准制向注册制迈进的转型期，发行效率显著提高，多层次资本市场不断升级。据不完全统计，截至2019年年末，中国大陆地区共4794家企业登陆境内外主要资本市场，其中A股上市公司3758家（科创板上市公司70家），境外上市公司（包括港股、纽交所、纳斯达克）1036家，一大批创新能力强、发展潜力大的科技创新企业，尤其是民营经济和中小企业，实现了产业与资本充分结合。

企业上市是提高核心竞争力的有效途径，是现代企业做大做强的必然选择，也是区域综合经济实力的重要体现。为有效引导中小企业充分认识和了解中国多层次资本市场和改制上市实务，我们编撰了《中国中小企业改制上市操作手册2020》，详述企业改制上市过程中可能遇到的难点、疑点，为读者构建出一个系统、全面的知识和规则体系。鉴于本书定稿时，注册制的全面实施尚处于过渡阶段，故将原审核流程保留。

本书的编撰工作得到了上海证券交易所、深圳证券交易所、海通证券股份有限公司、德恒律师事务所、天健会计师事务所（特殊普通合伙）等业内知名机构的鼎力支持，在此深表感谢！

希望本书能够对处于改制阶段或正在为上市努力的中小企业有所裨益和帮助。由于时间仓促和水平所限，难免挂一漏万，敬请读者提出宝贵意见和建议，以便进一步修订完善。

编　者

2020年3月

目录 contents

第一章 资本市场概要
第一节 我国多层次资本市场建设概要 / 3
第二节 香港及境外上市概述 / 22

第二章 启动上市前的筹备
第一节 中介机构的选择 / 31
第二节 上市团队的组建和前期准备工作 / 33
第三节 相关主管部门与材料申报 / 37

第三章 改制前的规范整改
第一节 重要法律问题规范 / 43
第二节 重要财务问题规范 / 66
第三节 公司治理规范 / 97
第四节 相关涉税事项处理 / 101
第五节 已挂牌新三板企业在A股挂牌的特别注意事项 / 103

第四章 公司股份制改造
第一节 公司股改的时点选择 / 111
第二节 有限责任公司股改的基本流程及注意要点 / 113

第五章 融资

第一节 上市前的股权融资 / 123

第二节 股权激励 / 140

第六章 申报前其他重点关注事项

第一节 上市辅导 / 153

第二节 募集资金与投资项目 / 158

第三节 企业环评 / 167

第四节 合规性证明文件办理 / 170

第五节 上市申请文件 / 174

附录

附录1 中介机构信息（排名不分先后） / 179

附录2 重点法律法规文件索引 / 197

附录3 尽职调查内容清单 / 207

附录4 国内各板块功能定位及对发行人的要求 / 213

附录5 股权激励九种模式比较 / 219

附录6 各板块申请文件目录 / 222

第一章

资本市场概要

第一章 资本市场概要

第一节 我国多层次资本市场建设概要

一、主板、中小板市场

（一）主板市场的发展及功能定位

我国的主板市场主要包括上交所和深交所，其中，沪市A股市场和深市A股市场是我国多层次市场的主力军。截至2019年12月，上交所共计1554家企业上市，沪市A股市场首发募集资金2.04万亿元，深交所共计2197家企业上市，深市A股市场首发募集资金约1.17万亿元。另外，我国主板市场还包括B股市场，1991年以来，我国B股市场已经由地方性市场发展到由中国证监会统一监管的全国性市场。B股市场已经基本完成了特定阶段的历史使命，随着证券市场的发展，最终可能完成A、B股市场的并轨。

（二）主板上市标准及审核流程

1. 国内主板首次公开发行上市的主要条件

（1）主体资格

A股发行主体应是依法设立且合法存续的股份有限公司；经国务院批准，有限责任公司在依法变更为股份有限公司时，可以公开发行股票。

（2）公司治理

发行人已经依法建立健全股东大会、董事会、监事会、独立董事、董事会秘书制度，相关机构和人员能够依法履行职责；发行人的董事、监事和高级管理人员符合法律、行政法规和规章规定的任职资格；发行人的董事、监事和高级管理人员已经了解与股票发行上市有关的法律法规，知悉上市公司及其董事、监事和高级管理人员的法定义务和责任；内部控制制度健全且被有效执行，能够合理保证财务报告的可靠性、生产经营的合法性、营运的效率与效果。

（3）独立性

应具有完整的业务体系和直接面向市场独立经营的能力；资产应当完整；人员、财务、机构以及业务必须独立。

（4）同业竞争

与控股股东、实际控制人及其控制的其他企业间不得有同业竞争；募集资金投资项目实施后，也不会产生同业竞争。

（5）关联交易

与控股股东、实际控制人及其控制的其他企业间不得有显失公平的关联交易；应完整披露关联方关系并按重要性原则恰当披露关联交易，关联交易价格公允，不存在通过关联交易操纵利润的情形。

（6）财务要求

发行前3年的累计净利润超过3000万人民币；发行前3年累计净经营性现金流超过5000万人民币或累计营业收入超过3亿元；无形资产与净资产比例不超过20%；过去3年的财务报告中无虚假记载。

（7）股本及公众持股

发行前不少于3000万股；上市股份公司股本总额不低于人民币5000万元；公众持股至少为25%；如果发行时股份总数超过4亿股，发行比例可以降低，但不得低于10%；发行人的股权清晰，控股股东和受控股股东、实际控制人支配的股东持有的发行人股份不存在重大权属纠纷。

（8）其他要求

发行人最近3年内主营业务和董事、高级管理人员没有发生重大变化，实际控制人没有发生变更；发行人的注册资本已足额缴纳，发起人或者股东用作出资的资产的财产权转移手续已办理完毕，发行人的主要资产不存在重大权属纠纷；发行人的生产经营符合法律、行政法规和公司章程的规定，符合国家产业政策；最近3年内不得有重大违法行为。

2. 首次公开发行股票审核工作流程

按照依法行政、公开透明、集体决策、分工制衡的要求，首次公开发行股票的审核工作流程分为受理、反馈会、见面会、初审会、发审会、封卷、核准发行等主要环节，分别由不同处室负责，相互配合、相互制约。对每一个发行人的审核决定均通过会议以集体讨论的方式提出意见，避免个人决断。

（1）首发申请审核主要环节

①受理和预先披露

中国证监会受理部门依法受理首发申请文件，并按程序转发行监管部。发行监管部在正式受理后即按程序安排预先披露，并将申请文件分发至相关监管处室，相关监管处室根据发行人的行业、公务回避的有关要求以及审核人员的工作量等确定审核人员。主板、中小板申请企业需同时送国家发改委征求意见。

②反馈会

相关监管处室审核人员审阅发行人申请文件后，从非财务和财务两个角度撰写审核报告，提交反馈会讨论。反馈会主要讨论初步审核中关注的主要问题，确定需要发行人补充披露以及中介机构进一步核查说明的问题。

反馈会按照申请文件受理顺序安排。反馈会由综合处组织并负责记录，参会人员有相关监管处室审核人员和处室负责人等。反馈会后将形成书面意见，履行内部程序后反馈给保荐机构。反馈意见发出前不安排发行人及其中介机构与审核人员沟通。

保荐机构收到反馈意见后，组织发行人及相关中介机构按照要求进行回复。综合处收到反馈意见回复材料登记后转相关监管处室。审核人员按要求对申请文件以及回复材料进行审核。

发行人及其中介机构收到反馈意见后，在准备回复材料过程中如有疑问可与审核人员进行沟通，如有必要也可与处室负责人、部门负责人进行沟通。

审核过程中如发生或发现应予披露的事项，发行人及其中介机构应及时报告发行监管部并补充、修改相关材料。初审工作结束后，将形成初审报告（初稿）提交初审会讨论。

③预先披露更新

反馈意见已按要求回复、财务资料未过有效期、且需征求意见的相关政府部门无异议的，将安排预先披露更新。对于具备条件的项目，发行监管部将通知保荐机构报送发审会材料和用于更新的预先披露材料，并在收到相关材料后安排预先披露更新，以及按受理顺序安排初审会。

④初审会

初审会由审核人员汇报发行人的基本情况、初步审核中发现的主要问题及反馈意见回复情况。初审会由综合处组织并负责记录，发行监管部相关负责人、相关监管处室负责人、审核人员以及发审委委员（按小组）

参加。

根据初审会讨论情况，审核人员修改、完善初审报告。初审报告是发行监管部初审工作的总结，履行内部程序后与申请材料一并提交发审会。

初审会讨论决定提交发审会审核的，发行监管部在初审会结束后出具初审报告，并书面告知保荐机构需要进一步说明的事项以及做好参加发审会的准备工作。初审会讨论后认为发行人尚有需要进一步披露和说明的重大问题、暂不提交发审会审核的，将再次发出书面反馈意见。

⑤发审会

发审委①通过召开发审会进行审核工作。发审会以投票方式对首发申请进行表决。发审委委员投票表决采用记名投票方式，会前需撰写工作底稿，会议全程录音。

发审会召开前中国证监会发布会议公告，公布发审会审核的发行人名单、会议时间、参会发审委委员名单等。首发发审会由审核人员向委员报告审核情况，并就有关问题提供说明，委员发表审核意见，发行人代表和保荐代表人各2名到会陈述和接受询问，聆询时间不超过45分钟，聆询结束后由委员投票表决。发审会认为发行人有需要进一步披露和说明问题的，形成书面审核意见后告知保荐机构。

保荐机构收到发审委审核意见后，组织发行人及相关中介机构按照要求回复。综合处收到审核意见回复材料后转相关监管处室。审核人员按要求对回复材料进行审核并履行内部程序。

⑥封卷

发行人的首发申请通过发审会审核后，需要进行封卷工作，即将申请文件原件重新归类后存档备查。封卷工作在按要求回复发审委意见后进行。如没有发审委意见需要回复，则在通过发审会审核后即进行封卷。

---

① 发审委制度是发行审核中的专家决策机制。每届发审委成立时，均按委员所属专业划分为若干审核小组，按工作量安排各小组依次参加初审会和发审会。各组中委员个人存在需回避事项的，按程序安排其他委员替补。

⑦会后事项

发生会后事项①的需履行会后事项程序，发行人及其中介机构应按规定向综合处提交会后事项材料。综合处接收相关材料后转相关监管处室。审核人员按要求及时提出处理意见。需重新提交发审会审核的，按照会后事项相关规定履行内部工作程序。如申请文件没有封卷，则会后事项与封卷可同时进行。

⑧核准发行

核准发行前，发行人及保荐机构应及时报送发行承销方案。封卷并履行内部程序后，将进行核准批文的下发工作。发行人领取核准发行批文后，无重大会后事项或已履行完会后事项程序的，可按相关规定启动招股说明书刊登工作。审核程序结束后，发行监管部根据审核情况起草持续监管意见书，书面告知日常监管部门。

（2）流程相关的其他事项

发行审核过程中，将征求发行人注册地省级人民政府是否同意其发行股票的意见，并就发行人募集资金投资项目是否符合国家产业政策和投资管理规定征求国家发改委的意见（限主板和中小板企业）。特殊行业的企业还需根据具体情况征求相关主管部门的意见。

首发审核工作整体按西部企业优先，均衡安排沪、深交易所拟上市企业审核进度的原则实施。同时，依据上述原则，并结合企业申报材料的完备情况，对具备条件进入后续审核环节的企业，按受理顺序顺次安排审核进度计划。

发行审核过程中的终止审查、中止审查和恢复审查按相关规定执行。审核过程中收到举报材料的，依照程序处理。

发行审核过程中，将按照对首发企业信息披露质量抽查的相关要求组织抽查。

发行审核过程中遇到现行规则没有明确规定的新情况、新问题，发行监管部将召开专题会议进行研究，并根据内部工作程序提出处理意见和建议。

---

① 会后事项是指发行人首发申请通过发审会审核后，招股说明书刊登前发生的可能影响本次发行上市及对投资者作出投资决策有重大影响的应予披露的事项。

(三)中小板市场的发展及功能定位

中小板市场是相对于主板市场而言,有些企业无法达到主板市场上市的要求,所以只能在中小板市场上市。2004年6月2日首只中小板股票新合成发行以来,已经有945只股票(截至2020年1月13日)上市。

中小板块是流通盘1亿以下的创业板块,它的建立是构筑多层次资本市场的重要举措,也是创业板的一种过渡,虽然2004年6月25日终于揭幕的中小企业板在现阶段并没有满足市场的若干预期,但中小企业板所肩负的历史使命必然使这个板块在未来的制度创新中显示出越来越蓬勃的生命力。

(四)中小板上市标准

中小板主要服务于即将或已进入成熟期、盈利能力较强,但规模相比主板较小的中小企业,其对发行人的基本要求如下:

1. 主体资格

A股发行主体应是依法设立且合法存续的股份有限公司;经国务院批准,有限责任公司在依法变更为股份有限公司时,可以公开发行股票。

2. 公司治理

发行人已经依法建立健全股东大会、董事会、监事会、独立董事、董事会秘书制度,相关机构和人员能够依法履行职责;发行人的董事、监事和高级管理人员符合法律、行政法规和规章规定的任职资格;发行人的董事、监事和高级管理人员已经了解与股票发行上市有关的法律法规,知悉上市公司及其董事、监事和高级管理人员的法定义务与责任;内部控制制度健全且被有效执行,能够合理保证财务报告的可靠性、生产经营的合法性、营运的效率与效果。

3. 独立性

应具有完整的业务体系和直接面向市场独立经营的能力;资产应当完整;人员、财务、机构以及业务必须独立。

4. 同业竞争

与控股股东、实际控制人及其控制的其他企业间不得有同业竞争;募集资金投资项目实施后,也不会产生同业竞争。

5. 关联交易

与控股股东、实际控制人及其控制的其他企业间不得有显失公平的关联交易；应完整披露关联方关系并按重要性原则恰当披露关联交易，关联交易价格公允，不存在通过关联交易操纵利润的情形。

6. 财务要求

发行前 3 年的累计净利润超过 3000 万人民币；发行前 3 年的累计净经营性现金流超过 5000 万人民币或累计营业收入超过 3 亿元；无形资产与净资产比例不超过 20%；过去 3 年的财务报告中无虚假记载。

7. 股本及公众持股

发行前不少于 3000 万股；上市股份公司股本总额不低于人民币 5000 万元；公众持股至少为 25%；如果发行时股份总数超过 4 亿股，发行比例可以降低，但不得低于 10%；发行人的股权清晰，控股股东和受控股股东、实际控制人支配的股东持有的发行人股份不存在重大权属纠纷。

8. 其他要求

发行人最近 3 年内主营业务和董事、高级管理人员没有发生重大变化，实际控制人没有发生变更；发行人的注册资本已足额缴纳，发起人或者股东用作出资的资产的财产权转移手续已办理完毕，发行人的主要资产不存在重大权属纠纷；发行人的生产经营符合法律、行政法规和公司章程的规定，符合国家产业政策；最近 3 年内不得有重大违法行为。

二、科创板市场

（一）科创板市场的发展及功能定位

科创板[①]于 2019 年 6 月 13 日开板，随着新股分批上市，发行节奏加快，科创板个股稀缺性有所降低，市场交易活跃度回落，定价也正在逐渐回归合理水平。科创板上市初期，资金从主板流入科创板，表现为增量资金驱动估值行情下的急涨急跌。伴随市场回归理性，存量资金在科创板内部重新配置，科创板开始向价值回归。

科创板目前发展状况体现为：①相较于开板初期，活跃度有所下降，日趋合理。科创板成交额占 A 股整体比例保持在 2% 以下，换手率落回 10% 以下；②市场定价效率更高。新股相对发行价的涨幅降低，询价上

---

① 科创板是由国家主席习近平于 2018 年 11 月 5 日在首届中国国际进口博览会开幕式上宣布设立，是独立于现有主板市场的新设板块，并在该板块内进行注册制试点。

下限区间宽度也变得愈加合理；③股价已充分调整，市场对科创板信心更足。融资余额保持平稳、融券余额大幅度减小，两者比例从1∶1上升到2∶1。从水涨船高到水落石出是新板块上市要经历的一个完整周期，这在此前创业板也有印证，并非科创板特色。

科创板精确定位于"面向世界科技前沿、面向经济主战场、面向国家重大需求"，主要服务于符合国家战略、突破关键核心技术、市场认可度高的科技创新企业，重点支持新一代信息科技、高端设备、新材料、新能源、节能环保以及生物医药等高新技术产业和战略性新兴产业。

（二）科创板上市标准及审核

1. 科创板上市标准

科创板现行五套发行标准均以"预计市值"作为衡量标准，结合营业收入、净利润和研发投入等财务指标，为目前在关键领域通过持续研发投入，已具备核心技术或取得阶段性成果、拥有良好发展前景，但财务表现不一的各类科创企业提供了上市渠道，弱化了对当前盈利能力的考量，门槛较主板明显降低，多套上市标准如下（满足以下任一条件即可申报）：

（1）预计市值不低于10亿元人民币，最近2年净利润均为正且累计净利润不低于5000万元人民币，或者预计市值不低于10亿元人民币，最近1年净利润为正且营业收入不低于1亿元人民币。

（2）预计市值不低于15亿元人民币，最近1年营业收入不低于2亿元人民币，且最近3年研发投入合计占最近3年营业收入的比例不低于15%。

（3）预计市值不低于20亿元人民币，最近1年营业收入不低于人民币3亿元，且最近3年经营活动产生的现金流量净额累计不低于1亿元人民币。

（4）预计市值不低于30亿元人民币，且最近1年营业收入不低于3亿元人民币。

（5）预计市值不低于40亿元人民币，主要业务或产品需经国家有关部门批准，市场空间较大，目前已取得阶段性成果，并获得知名投资机构一定金额的投资。医药行业企业需取得至少一项一类新药二期临床试验批件，其他符合科创板定位的企业需具备明显的技术优势并满足相应条件。

2. 科创板审核流程

（1）受理：申请文件齐备性检查，中介机构资质检查，决定是否受理。

①申请文件齐备性检查、中介机构资质检查，决定是否受理（未提及因行业定位问题不予受理的情形）。同一家保荐机构12个月内申报的企业两次不受理，则暂停资格3个月。

②辅导验收报告原来是各地证监局出具给证监会发行监管部，现在是各地证监局向保荐机构出具《无异议函》，作为申请文件的必备文件。

（2）审核机构审核：向发行人发出首轮问询函、向发行人发出多轮问询函（如有）、向上市委出具审核报告。

①设置若干行业审核小组，探索对上市申请实行分行业审核。

②保荐人答复问询问题的全部时间为3个月，对每一次问询回复的时间没有明确要求，保荐人合理安排进度和工作。

（3）上市委会议审核：上市委审议审核报告及发行上市申请文件、落实上市委意见（如有）、结合上市委审议意见，形成交易所审核意见。

①审核部门承担主要的审核职责，出具审核报告（会有同意或不同意的结论）；上市委与审核机构共同承担审核职责。与现行发审委制度不同。

②上市委由五人组成，实行合议制，不是一人一票，与发审委的决策模式不同。

③上市委人员构成以系统外为主，主要包括会计师、律师、买方基金和系统内人员。

（4）向证监会报送：向证监会报送交易所审核意见、审核资料及发行上市申请文件（特定情形除外）；证监会注册程序。

（5）信息披露

问询意见以及每一次回复都会及时披露，保证信息对外公开的准确和及时，让投资者随时关注企业审核进展和审核情况。

具体审核流程：如图1-1所示。

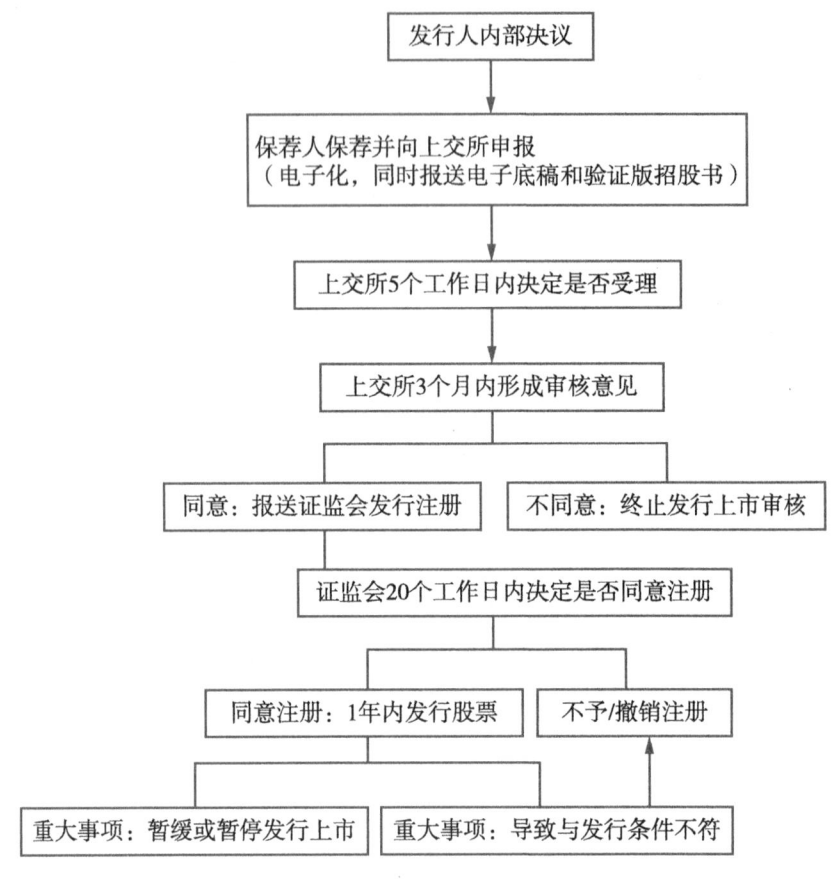

图 1-1　科创板审核流程

3. 科创板审核方式

（1）问询式审核

①以信息披露为中心，以投资者需求为导向，通过一轮或多轮审核问询，督促发行人充分披露与投资者投资决策相关的重要信息。

②发行人、中介机构要及时、逐项回复问询，对审核问询的回复是发行上市申请文件的组成部分，发行人、中介机构要保证回复的真实、准确、完整，审核问询采用书面方式，电子化留痕。

③审核问询和发行人及其中介机构的回复及时公开，使投资者能够清楚审核机构所关注的问题和风险点，引导投资者更好地理解公司。

（2）分行业审核

①审核部门根据不同行业的发展情况和风险特征设置若干行业审核小组，探索对发行上市申请实行分行业审核。

②通过开展行业研究培训、在审核中学习和积累行业知识等方式，加深审核人员对行业的理解。

③每家企业至少由法律、会计专业人员各1名进行审核，审核人员除了对企业法律、会计问题进行判断外，将结合具体行业特征，督促发行人从财务与非财务信息、定性与定量、价值与风险等多个角度为投资者提供决策信息。

（3）电子化审核

①电子化审核：申请、受理、问询、回复等事项通过发行上市审核业务系统办理。

②业务咨询、预约沟通均通过系统电子化办理。

③无纸化，节约资源。

④减少不必要的接触。

三、创业板市场

(一）创业板市场的发展及功能定位

创业板[①]是专为暂时无法在主板上市的创业型企业、中小企业和高科技产业企业等需要进行融资和发展的企业提供融资途径与成长空间的证券交易市场，是对主板市场的重要补充，在资本市场占有重要位置。

创业板与主板市场相比，上市要求往往更加宽松，主要体现在成立时间、资本规模、中长期业绩等要求方面。创业板市场最大的特点就是低门槛进入、严要求运作，有助于有潜力的中小企业获得融资机会。在创业板市场上市的公司大多从事高科技业务，但往往成立时间较短、规模较小、业绩不突出，但有很大的成长空间。可以说，创业板是一个门槛低、风险大、监管严格的股票市场，也是一个孵化科技型、成长型企业的摇篮。

创业板市场具有以下功能：首先，为中小企业提供融资渠道，促进高新技术企业的发展。很多优秀的中小企业在技术上具有优势，以及较好的

---

① 创业板，又称二板市场即第二股票交易市场，是与主板市场不同的一类证券市场。

成长性，但是由于财务信息不规范，缺少担保品等问题，很难直接从银行获得贷款，这就是困扰我们已久的中小企业融资难问题。创业板的推出，为这些中小企业提供了新的融资渠道，有助于解决这一难题。其次，为风险投资提供了畅通的退出渠道，促进风险投资的发展。最后，有利于多层次资本市场的构建。多层次资本市场，是为不同层次的企业提供证券交易平台的市场。将整个资本市场分为几个部分，例如主板市场主要是为国内与国际较大型的成熟企业融资提供支持，而创业板市场主要是为成长潜力较大但规模不足的中小型、科技型创新企业提供股权交易的平台，此外还有场外交易市场等。只有资本市场分出不同的层次，企业才能在不同的市场上找到自己的位置。

（二）创业板上市标准

（1）主体资格

发行人是依法设立且持续经营3年以上的股份有限公司。有限责任公司按原账面净资产值折股整体变更为股份有限公司的，持续经营时间可以从有限责任公司成立之日起计算。

（2）公司治理

发行人具有完善的公司治理结构，依法建立健全股东大会、董事会、监事会以及独立董事、董事会秘书、审计委员会制度，相关机构和人员能够依法履行职责。发行人应当建立健全股东投票计票制度，建立发行人与股东之间的多元化纠纷解决机制，切实保障投资者依法行使收益权、知情权、参与权、监督权、求偿权等股东权利。发行人会计基础工作规范，财务报表的编制和披露符合企业会计准则与相关信息披露规则的规定，在所有重大方面公允地反映了发行人的财务状况、经营成果和现金流量，并由注册会计师出具无保留意见的审计报告。发行人内部控制制度健全且被有效执行，能够合理保证公司运行效率、合法合规和财务报告的可靠性，并由注册会计师出具无保留结论的内部控制鉴证报告。

（3）财务要求

最近两年连续盈利，最近两年净利润累计不少于1000万元；或者最近一年盈利，最近一年营业收入不少于5000万元。净利润以扣除非经常性损益前后孰低者为计算依据。最近一期末净资产不少于2000万元，且不存在未弥补亏损。发行后股本总额不少于 3000 万元。

（4）其他要求

①主营业务及主要资产要求

发行人应当主要经营一种业务，其生产经营活动符合法律、行政法规和公司章程的规定，符合国家产业政策及环境保护政策。发行人最近两年内主营业务和董事、高级管理人员均没有发生重大变化，实际控制人没有发生变更。发行人的股权清晰，控股股东和受控股股东、实际控制人支配的股东所持发行人的股份不存在重大权属纠纷。

发行人的注册资本已足额缴纳，发起人或者股东用作出资的资产的财产权转移手续已办理完毕。发行人的主要资产不存在重大权属纠纷。

②董事、监事、高级管理人员要求

发行人的董事、监事和高级管理人员应当忠实、勤勉，具备法律、行政法规和规章规定的资格，且不存在下列情形：被中国证监会采取证券市场禁入措施尚在禁入期的；最近 3 年内受到中国证监会行政处罚，或者最近一年内受到证券交易所公开谴责的；因涉嫌犯罪被司法机关立案侦查或者涉嫌违法违规被中国证监会立案调查，尚未有明确结论意见的。

③控股股东、实际控制人要求

发行人及其控股股东、实际控制人最近 3 年内不存在损害投资者合法权益和社会公共利益的重大违法行为。发行人及其控股股东、实际控制人最近 3 年内不存在未经法定机关核准，擅自公开或者变相公开发行证券，或者有关违法行为虽然发生在 3 年前，但目前仍处于持续状态的情形。

（三）创业板保荐机构重点推荐的九大行业和审慎推荐的八大行业

2010 年 3 月 19 日，中国证监会发布了《关于进一步做好创业板推荐工作的指引》（以下简称《指引》），明确要求保荐机构应重点推荐符合国家战略性新兴产业发展方向的九大类企业，审慎推荐包括房地产、纺织、交运、金融等八个领域的公司。

《指引》明确要求，各保荐机构应向创业板重点推荐符合国家战略性新兴产业发展方向的企业，特别是新能源、新材料、信息、生物与新医药、节能环保、航空航天、海洋、先进制造、高技术服务等领域的企业，以及其他领域中具有自主创新能力，成长性较强的企业。

保荐机构应审慎推荐的领域主要有：一是纺织、服装；二是电力、煤气及水的生产供应等公用事业；三是房地产开发与经营、土木工程建筑业；四是交通运输业；五是酒类、食品、饮料业；六是金融业；七是一般性服务业；八是国家产业政策明确抑制的产能过剩和重复建设的行业。

（四）创业板注册制改革

2019年10月20日，证监会副主席李超在第六届世界互联网大会资本市场助力数字经济创新发展论坛上表示，要推进创业板改革并试点注册制。这是证监会首次公开表态推进创业板注册制改革。2019年12月11日，《深圳市建设中国特色社会主义先行示范区的行动方案（2019—2025年）》正式印发，将积极推动创业板注册制改革早日落地。

信息披露是注册制的核心内容。注册制完善了资本市场的相关规则。通过降低发行门槛，减少审查限制，有力地促进了优质企业上市，对资本市场确立市场定价原则起到了引导支撑作用；另外，注册制通过对一系列规则的调整和完善，对资本市场的参与者进行了相应的引导。

四、场外市场

（一）全国中小企业股份转让系统

全国中小企业股份转让系统（"新三板"）是经国务院批准的，依据《中华人民共和国证券法》设立的全国性证券交易场所，主要为创新型、创业型、成长型中小微企业发展服务。境内符合条件的股份公司可通过主办券商申请在全国股份转让系统挂牌，公开转让股份，进行股权融资、债券融资、资产重组等。新三板作为多层次资本市场建设的基础，承载着服务中小企业的使命。新三板没有硬性的财务指标要求，具有挂牌周期较短、费用较低、成功率较高的特点。新三板成立以来，就受到众多投资者的密切关注。

1. 新三板的发展历程

新三板的发展历程主要分为两个阶段。

第一个阶段：新三板的成立期（2006—2014年）：新三板市场的建立是我国资本市场逐渐完善的重要一步。基于扶持创新型、创业型、成长型中小微企业，促进企业直接融资的目的，新三板市场应运而生。直到2014年1月24日，260多家企业挂牌新三板，标志着新三板成为我国极为重要的交易场所。

第二个阶段：新三板市场的探索期（2014—2019年），新三板从粗放扩容走向精细管理，初步建立起全方位的基础制度。2014年以来，新三板逐步建立了挂牌与做市制度，挂牌企业数量迅速增长，投资者数量也快速增加。同时，新三板也在不断完善全面管理的制度，包括投资者适应性管理制度、分层制度、并购重组制度、自律和纪律处分实施办法、分行业信息披露指引、涨跌停板制度、券商执业质量评价体系等，这些举措使新三板市场快速成长，实现了从"数量"到"质量"的突破，但与此同时，新三板市场也存在尚未解决的问题：①新三板创新层企业的监管日趋严格，信息披露与交易方式均向公开市场靠拢，然而企业却没有公开发行权利，权利与义务不匹配；②流动性问题显著，二级市场低迷，对于投资者吸引力不够。

新三板市场正处于不断发展和深化改革的新阶段。2019年10月25日，证监会发布会上，新三板全面深化改革正式启动，提出从以下几个方面入手：①优化发行融资制度，允许创新层企业向不特定投资者发行股票；②完善市场分层，设立精选层，配套形成信披投资者适当性等差异化安排；③建立挂牌企业转板上市机制；④加强监督管理，实施分类监管；⑤健全市场退市机制，完善摘牌制度。未来新三板市场必将进入"多层次发展期"，引入公开发行层次是巨大的创新，转板制度打通上下层资本市场，留住优质企业，提升挂牌公司质量，同时，新三板市场也愈加走向成熟。

此次新三板改革，全国股转公司制定、修订了多项业务规则，并且于2019年12月27日和2020年1月3日共计发布实施了13项业务规则。这些规则涉及股票交易、投资者适当性、分层、定向发行、信息披露、公司治理等。

新三板精选层的设立是贯彻落实金融供给侧结构性改革的重要实践、是全面深化资本市场改革的重要一环、是在自身发展实践基础上的全面制度和功能完善，是着眼于市场整体的全面改革和系统改革。此次改革主要体现在以下五个方面：①多元化准入标准；②引入公开发行制度，企业可以在新三板"IPO"；③投资者门槛降低，精选层降至100万；④交易门槛降低，着力恢复新三板流动性；⑤精选层挂牌满一年可转板。

精选层的落地，是多层次资本市场格局完善的重要举措。精选层满一年之后可以转板，即可作为沪深两市的后备军，有助于减少上市发行障碍。同时，新三板也将形成"基础层、创新层、精选层"不断递进的市场层次，精选层也将更好地发挥多层次资本市场中承上启下的作用。多层次资本市场助力经济与金融的结合，构建与处于不同生命周期的企业匹配适合的融资方式和交易场所，同时满足不同风险偏好投资人的需求，多层资本市场达到适应企业发展的需求和投资者风险的分层管理。

2. 新三板市场的功能定位

（1）完善多层次的资本市场，专注于中小微企业的融资平台。

新三板市场主要为创新型、创业型、成长型中小微企业发展服务。新三板可起到助力与催化的作用，是主板市场的重要补充，帮助中小微企业对接资本市场。

（2）拓宽企业融资渠道，提升公司估值。

实现股权与债权融资，公司挂牌后可根据业务需要，向特定对象进行直接融资，挂牌后公司股权估值显著提升，银行对公司的认可度和重视度也会明显提高，会以更低的利率获取银行贷款，金融机构也会更加认可股权的市场价值，进而获得股份抵押贷款等融资便利。

（3）提供规范化的股份转让全国性市场。

新三板作为全国性统一场外交易市场，通过股价反映公司的价值，一方面使得股东持有股份的价值得到充分反映，另一方面解决了投资者的退出渠道问题。在对个人投资者开放、股东人数允许超过200人以及交易标准降到每手1000股之后，新三板股票的流通性绝不会低于主板和创业板。

（4）规范公司治理，为后续资本运作提供基础。

企业挂牌过程中，在券商、律师事务所、会计师事务所等专业中介机构的介入下，企业可以初步建立起现代企业治理与管理机制；挂牌后在主办券商的持续督导和证监会及全国股份转让系统的监管下规范运营。这样可以有效提升规范度，促进企业持续健康发展。

（5）增强公司宣传效应，提升企业品牌形象。

企业在全国性市场新三板挂牌，拥有独立的股票代码，信息在交易所行情系统中显示，势必引起投资者的关注，可以起到宣传企业、提高公司知名度的作用，既有利于业务拓展、公司发展，也有利于增强员工凝聚力。

3. 全国中小企业股份转让系统对挂牌企业的基本要求

股份有限公司申请在新三板挂牌，不受股东所有制性质的限制，不限于高新技术企业，应当符合下列条件：

（1）依法设立且存续满两年。有限责任公司按原账面净资产值折股整体变更为股份有限公司的，存续时间可以从有限责任公司成立之日起计算。

（2）业务明确，具有持续经营能力。

（3）公司治理机制健全，合法规范经营。

（4）股权明晰，股票发行和转让行为合法合规。

（5）主办券商推荐并持续督导。

（6）全国股份转让系统公司要求的其他条件。

4. 全国中小企业股份转让系统的挂牌流程

（1）股份制改造

确定主办券商及其他中介机构，签订服务协议。

中介机构初步尽职调查，发现、解决问题，确认改制方案。

设立股份公司。

（2）材料制作及审核

申请挂牌公司董事会、股东大会决议通过新三板挂牌的相关决议和方案。

会计师进场审计，出具两年一期的审计报告。

律师进行尽职调查，出具法律意见书。

主办券商内核，制作公开转让说明书等申报材料。

（3）反馈审核阶段

全国股份转让系统公司接收材料。

全国股份转让系统公司审查反馈。

全国股份转让系统公司出具审查意见。

审核挂牌。

（4）登记挂牌阶段

登记挂牌阶段主要是挂牌上市审核通过后的工作，主要工作内容包括：

分配股票代码。

办理股份登记存管。

公司挂牌敲钟。

（二）上海股权托管交易市场

以上海为例，2012年2月15日正式启动的上海股权托管交易市场是一个面向特定投资者进行股份转让和实施定向增资的非公开市场，定位于对接统一监管的场外交易市场，致力于通过服务上海、长三角及其他地区科技型、中小型非上市股份公司股权的托管交易，为统一监管的场外交易市场及创业板、中小板乃至主板培育输送优质的企业资源。同时，该市场也是上海股权托管交易中心遵循中国证监会对中国多层次资本市场体系建设的统一要求的产物，是上海市国际金融中心建设的重要组成部分，也是中国多层次资本市场体系建设的重要环节。

从交易制度设计来看，上海股权托管交易市场是一个面向特定投资者进行股份转让和实施定向增资的非公开市场。例如，严格要求挂牌的非上市股份有限公司股东不超过200人，不进行非上市股份有限公司股份的公开发行；通过协议转让等特定对象之间的转让方式进行交易，不采取集中竞价、做市商等集中交易方式；要求投资者买入卖出之间的时间间隔不少于5个交易日。从市场风险防范来看，注重通过多方面的合理制度设计和有效市场监管，防范金融风险。例如，在市场准入方面，要求符合一定条件、规范运作、经推荐机构推荐和严格审核的非上市股份有限公司才能进场挂牌交易、融资，建立了投资者适当性制度，只有机构投资者和符合条件的自然人才能入市交易，严格把好市场准入关；在交易制度上，通过信息披露制度、控股股东及实际控制人所持股份分批进场转让制度、涨跌幅制度、暂停交易制度，来防范市场交易中可能出现的欺诈等违法违规行为及其他风险，切实保护投资者合法权益。

1. 上海股权托管交易中心的主要功能

上海股权托管交易中心的主要功能包括：为非上市股份有限公司的股权托管、登记、转让、融资、结算、过户等提供场所、设施和服务；组织和监督股权托管交易活动；发布市场交易信息；代理股权买卖服务；为非上市股份有限公司进场挂牌提供咨询等综合服务；为多层次资本市场储备上市或挂牌企业资源，协助落实本市扶持企业上市发展的政策措施，并向有关职能部门提供政策参考。总体而言，上海股权托管交易中心为一级、二级市场投资者提供多样化的金融产品和综合服务。

2. 上海股权托管交易中心挂牌业务流程

（1）非上市公司召开董事会和股东大会就同意在上海股权托管交易中心挂牌并进行股份转让相关事宜做出决议。

（2）非上市公司委托上海股权托管交易中心推荐机构会员，聘请经上海股权托管交易中心认定的会计师事务所、律师事务所、资产评估事务所（必要时）为其挂牌提供专业的服务。

（3）推荐机构会员向上海股权托管交易中心报送预审材料。

（4）会计师事务所进行独立审计并出具审计报告、律师事务所进行独立调查并出具法律意见书、推荐机构会员进行尽职调查并形成相关尽职调查文件。

（5）推荐机构会员向上海股权托管交易中心报送申请文件。

（6）上海股权托管交易中心对申请文件进行审核。

（7）上海股权托管交易中心审核同意的，市地方金融监管局备案。

（8）获得上海股权托管交易中心出具同意挂牌的通知后，拟挂牌公司向上海股权托管交易中心申请股份简称和代码，与上海股权托管交易中心签订挂牌协议书，办理股份的集中登记。

（9）拟挂牌公司在上海股权托管交易中心办理挂牌手续。

（10）挂牌前3日，拟挂牌公司在上海股权托管交易中心指定网站披露：《股份转让说明书》《公司章程》《审计报告》《法律意见书》；推荐机构会员在上海股权托管交易中心指定网站发布拟挂牌公司挂牌公告。

第二节 香港及境外上市概述

一、香港股票市场

香港交易所[①]旗下成员包括：香港联合交易所有限公司、香港期货交易所有限公司、香港中央结算有限公司、香港联合交易所期权结算有限公司、香港期货结算有限公司及伦敦金属交易所。

香港证券市场主要包括股票市场、衍生工具市场、基金市场和债券市场，其股票市场为香港证券市场的主要组成部分。香港股票市场为有意上市的公司提供两个板块，分别是主板和创业板。其主板主要为较大型、基础较佳以及具有盈利记录的公司筹集资金，创业板相对于主板来说，对上市公司没有行业类别以及公司规模的限制并不设盈利要求。香港交易所于2018年4月30日正式允许双重股权结构公司赴港上市。

香港上市条件：香港股票市场上市制度为核准制，即公司需满足上市条件并同时要求申请发行股票的公司必须符合有关法律和证券监管机构规定的必备条件。

（一）香港主板上市条件

（1）最低公众持股数量为25%（若发行人市值超过40亿港元，则最低可降低至10%）。

（2）前三个财政年度合计盈利不低于5000万港元（最近一财政年度盈利不低于2000万港元）。

（3）市值不低于1亿港元。

（4）上市时最少需100名股东，且每100万港元发行额需有不少于三名股东持有。

（二）香港创业板上市条件

（1）有24个月的活跃业务记录。

（2）新申请人上市时公众股东不少于100人。

（3）若公司上市时市值不超过40亿港元，最低公众持股需为25%，涉及金额需达到3000万港元；若公司在上市时的市值超过40亿港元，则

---

① 香港交易所，全称为香港交易及结算所有限公司（HKEX），是全球主要交易所成员之一。

最低公众持股量需为 20% 或公众人持股市值达 10 亿港元。

二、境外资本市场概述

（一）美国股票市场

美国资本市场主要由债券市场、股票市场、银行贷款市场和抵押市场构成。其中，股票市场层次丰富鲜明，主板市场为大型企业提供服务，次板市场则为规模较小的新兴企业提供融资及作为进军主板市场的跳板。因次板市场要求相对较低，我国民营企业一般选择先在美国次板市场上市。

1. 美国股票市场分为四级

（1）一级市场：即发行市场或初级市场，一级市场的发行主要有初次售股[①]和二次售股[②]。

（2）美国的二级市场：又称次级市场，为股票流通市场，主要由纽约证券交易所（NYSE）和美国证券交易所（AMEX）两大全国性证券交易所以及地方性的太平洋证券交易所（PASE），费城证券交易所（PHLX）等交易所及场外二级市场纳斯达克组成。

（3）第三市场：在交易所挂牌上市但在场外市场进行交易的股票市场。

（4）第四市场：即机构交易网，是一个私营的计算机网交易体系，一般用于大宗证券交易活动。

OTC：场外交易市场（Over-The-Counter）为没有达到股票交易所上市的中小型企业的股票、债券等提供交易场所。该市场没有固定场所，通过大量分散的证券柜台和电信设施买卖证券。OTC 主要由柜台交易市场、第三市场和第四市场组成。

美国最主要的证券交易市场有纳斯达克（NASDAQ）、纽约证券交易所（NYSE）及美国证券交易所（AMEX）。美国股票市场上市制度为注册制，即公司满足上市条件即可登录美国股市。

2. 纽约证券交易所上市条件

（1）对美国国内公司上市的要求

①公司最近一年的税前盈利不低于 250 万美元。

---

① 初次售股是指公司首次发行股票。
② 二次售股是指已发行股票的公司增发股票。

②最少公众流通股数为 110 万股。

③公司至少有 2000 名投资者，每个投资者拥有 100 股以上的股票。

④公司有形资产净值不低于 4000 万美元。

⑤普通股的发行额按市场价格比例算不少于 4000 万美元。

（2）对非美国公司上市的要求

①公司必须在最近 3 个财政年度里连续盈利，且在最后一年不少于 250 万美元，前两年不少于 200 万美元或最后一年不少于 450 万美元，3 年累计不少于 650 万美元。

②最少公众流通股数为 250 万股。

③公司至少有 5000 名投资者，每个投资者拥有 100 股以上的股票。

④公司有形资产净值不低于 1 亿美元。

3. 美国证券交易所上市条件

（1）税前收入不少于 75 万美元。

（2）公司至少有 800 名投资者，每个投资者拥有 100 股以上的股票。

（3）最少公众流通股数为 50 万股。

（4）公司有形资产净值不低于 4000 万美元。

4. 纳斯达克股票市场上市条件

（1）纳斯达克全国市场（NNM）

① 300 名以上股东。

②公司有形资产净值不低于 1500 万美元。

③最近 3 年至少有一年税前营业收入不少于 100 万美元。

④流通股票市值不低于 7500 万美元。

（2）纳斯达克小额资本市场（NSCM）

①公司有形资产净值不低于 400 万美元。

②最少公众流通股数为 100 万股。

③公众持股的市场总值不低于 500 万美元。

④ 300 名以上股东。

（二）英国股票市场

英国股票市场是欧洲最大的股票市场，也是世界上最具有国际性的股票市场之一，具有上市证券种类多、业务专业化等特点，是近几年我国国内企业境外上市的重要目的地。

1. 英国股票流通市场分为三个层次

英国股票流通市场主要由三个层次的市场构成，分别为伦敦证券交易所主板市场、AIM市场和未挂牌股票市场。

伦敦证券交易所主板市场在众多层次市场中监管最为严格，适合大型、成熟企业上市融资。

AIM市场的全称为英国另类投资市场（Alternative Investment Market），是第一家欧洲二板市场，上市条件较主板市场宽松，主要为新创建的、规模较小的成长型公司提供融资服务。其上市企业行业众多，可以是高科技公司、传统制造业，或者是第三产业服务公司。并且AIM市场对公司资金实力、企业规模、盈利状况等没有任何要求，是公司进入主板市场的良好跳板。

未挂牌股票市场又称未上市股票市场，用于满足规模较小、较不成熟、还不能申请上市的公司进行融资的需要。

2. 英国上市条件

英国股票市场上市制度为核准制，即公司需满足上市条件并同时要求申请发行股票的公司必须符合有关法律和证券监管机构规定的必备条件方可在英国上市。

（1）伦敦证券交易所主板上市条件

①公司需有3年经营记录，呈报最近3年总审计账目。

②注册资本超过70万英镑。

③公众持股不少于25%。

④运营资本必须充足，财务报告需按照国际或英美现行会计及审计标准编制。

⑤公司须按伦敦证券交易所规范要求（包括欧共体法令和1986年版金融服务法）编制上市说明书，发起人需使用英语发布有关信息。

⑥公司的经营管理层应能显示出为其公司经营记录所承担的责任。

（2）AIM市场上市条件

①运营资本必须充足，财务报告需按照国际或英美现行会计及审计标准编制。

②公司须按伦敦证券交易所规范要求（包括欧共体法令和1986年版金融服务法）编制上市说明书，发起人需使用英语发布有关信息。

③公司的经营管理层应能显示出为其公司经营记录所承担的责任。

④具有两年的主营业务盈利记录。

三、中国企业境外上市的主要形式

境外上市[①]形式根据发行主体、证券种类、上市方式等可以进行各种分类，基本上可以归纳为直接上市、间接上市和其他方式。

（一）直接上市

境外直接上市即以国内公司的名义向国外证券主管部门机构提出发行股票的申请，并同时在该国证券市场申请挂牌上市。如通常所说的H股（在香港联合交易所发行股票并上市）、N股（在纽约证券交易所发行股票并上市）和L股（在伦敦证券交易所发行股票并上市）。通常，境外上市都是采用IPO的方式进行。

（二）间接上市

境外间接上市是指以间接的方式在海外上市，即国内企业在境外注册公司、境外公司以收购等方式控制国内公司的资产，最后将境外公司通过境外交易所上市。间接上市的主要形式为买壳上市和造壳上市。买壳上市是指非上市公司通过收购境外的上市公司，剥离被收购公司资产后，注入其自身资产，从而达到间接上市的目的。借壳上市是指国内企业在境外设立公司，通过收购及股权置换等方式将主要资产注入境外公司中，然后通过境外公司上市而达到自身上市的方式。

（三）其他方式

存托凭证[②]是国内公司为使其股票在外国流通，将一定数额的股票，委托中间机构（通常为银行）保管。由保管银行通知外国的存托银行在当地发行代表该股份的存托凭证，之后存托凭证便开始在外国证券交易所或柜台市场交易。

可转换债券，是指债券持有人在一定条件下可按照发行时约定的价格

---

① 境外上市是指国内股份有限公司在境外证券交易所公开上市，并向境外投资者发行股票。

② 存托凭证（Depository Receipts），又称存卷数据或存股证。

将债券转换成公司的普通股票的债券。

四、境外上市工作流程

根据国内企业质地和不同的项目及操作模式等因素，上市流程要作出适当的调整。一般中国公司境外上市的基本工作流程如下：

第一阶段：确立境外上市意向。公司需根据自身条件、产业趋势、项目可行性、市场潜力和扩张能力等因素进行全面分析，制定长期战略发展规划，并以此确定企业融资计划和并购扩张等资本经营的安排。并在此基础上充分考虑境外上市的必要性和可行性，最后作出是否选择境外上市的决定。

第二阶段：初步洽谈。公司主要负责人与投资银行接触洽谈，建立初步联系。投资银行了解公司股权结构、所属行业及行业地位、销售额、净利润、净资产、募集资金量及投向、预计未来1~2年的业绩以及企业自身打算与设想等。投资银行将根据企业的初步信息作出初步判断及建议。

第三阶段：签订委托上市意向书。

第四阶段：拟定股份制改组方案并进行尽职调查。投资银行与公司制定股份制改组总体方案，并对公司进行实地尽职调查，包括法律、经营、生产、管理、行政与财务。

第五阶段：签订委托上市合约。

第六阶段：财务境外审理。由资深财务专家对账目进行合理的梳理规范使其符合境外会计审计准则。

第七阶段：准备发行申请文件及境外离岸公司注册。

第八阶段：境外申报，向境外监管机构提出正式申请文件。

第二章

启动上市前的筹备

第一节　中介机构的选择

一、股票发行上市过程中企业需要聘请的中介机构

（一）保荐机构（股票承销机构）

保荐机构在推荐发行人首次公开发行股票前，应当按照证监会的规定对发行人进行辅导。保荐机构负责证券发行的主承销工作，依法对公开发行募集文件进行核查，向证监会出具保荐意见。保荐机构应当尽职推荐发行人证券发行上市，在发行人证券上市后，保荐机构应当持续督导发行人履行规范运作、信守承诺、信息披露义务。

（二）会计师事务所

股票发行的审计工作必须由具有证券从业资格的会计师事务所承担。该会计师事务所对企业的账目进行检查与审验，工作内容主要包括审计、验资、盈利预测等，同时也为其提供财务咨询和会计服务。

（三）律师事务所

企业股票公开发行上市必须依法聘请律师事务所担任法律顾问。律师主要对股票发行与上市的各种文件的合法性进行判断，并对有关发行上市涉及的法律问题出具法律意见。

（四）资产评估机构

企业在股票发行之前往往需要对公司的资产进行评估。这一工作通常是由具有证券从业资格的资产评估机构承担，资产评估具有严格的程序，整个过程一般包括申请立项、资产清查、评定估算和出具评估报告。

二、中介机构的职责

（一）保荐机构（股票承销机构）职责

（1）协助企业拟定改制重组方案和设立股份有限公司；

（2）根据《保荐人尽职调查工作准则》的要求对企业进行尽职调查；

（3）对公司主要股东、董事、监事和高级管理人员等进行辅导与专业培训，帮助其了解与股票发行上市有关的法律法规，知悉上市公司及其董事、监事和高级管理人员的法定义务和责任；

（4）帮助企业完善组织结构和内部管理，规范企业行为，明确业务发展目标和募集资金投向等；

（5）组织发行人和中介机构制作发行申请文件，并依法对公开发行申请文件进行全面核查，向中国证监会尽职推荐并出具发行保荐书及发行保荐工作报告等；

（6）对发行人是否具备持续盈利能力、是否符合法定发行条件作出专业判断，并确保发行人的申请文件和招股说明书等信息披露资料真实、准确、完整、及时；

（7）组织发行人和中介机构对中国证监会的审核反馈意见进行回复或整改；

（8）负责证券发行的主承销工作，组织承销团承销；

（9）与发行人共同组织路演、询价和定价工作；

（10）在发行人证券上市后，持续督导发行人履行规范运作、信守承诺、信息披露等义务。

（二）会计师事务所职责

（1）负责企业财务报表审计，并出具3年又一期的审计报告；

（2）负责企业资本验证，并出具有关验资报告；

（3）负责企业盈利预测报告审核，并出具盈利预测审核报告；

（4）负责企业内部控制鉴证，并出具内部控制鉴证报告；

（5）负责核验企业的非经常性损益明细项目和金额；

（6）对发行人主要税种纳税情况出具专项意见；

（7）对发行人原始财务报表与申报财务报表的差异情况出具专项意见；

（8）提供与发行上市有关的财务会计咨询服务。

（三）律师事务所职责

（1）对改制重组方案的合法性进行论证；

（2）指导股份公司的设立或变更；

（3）对企业发行上市涉及的法律事项进行审查并协助企业规范、调整和完善；

（4）对发行主体的历史沿革、股权结构、资产、组织机构运作、独立性、税务等公司全面的法律事项的合法性进行判断；

（5）股票发行上市的各种法律文件的合法性进行判断；

（6）协助和指导发行人起草公司章程等公司法律文件；

(7)出具法律意见书;

(8)出具律师工作报告;

(9)对有关申请文件提供鉴证意见。

(四)资产评估机构职责

企业以实物、知识产权、土地使用权等非货币资产出资设立公司的,应当评估作价,核实资产。国有及国有控股企业以非货币资产出资或者接受其他企业的非货币资产出资,应当遵守国家有关资产评估的规定,委托有资格的资产评估机构和执业人员进行;其他非货币资产出资的评估行为,可以参照执行。

自2002年1月1日起,各级财政(或国有资产管理,下同)部门对国有资产评估项目不再进行立项批复和对评估报告的确认批复(合规性审核),实行核准制和备案制。有关经济行为的资产评估活动由国有资产占有单位按照现行法律、法规的规定,聘请具有相应资质的中介机构独立进行,评估报告的法律责任由签字的注册资产评估师及其所在评估机构共同承担。

经各级政府批准的涉及国有资产产权变动、对外投资等经济行为的重大经济项目,其国有资产评估实行核准制。凡由国务院批准实施的重大经济项目,其评估报告由财政部进行核准;凡由省级人民政府批准实施的重大经济项目,其评估报告由省级财政部门进行核准。对其他国有资产评估项目实行备案制。除核准项目以外,中央管理的国有资产,其资产评估项目报财政部或中央管理的企业集团公司、国务院有关部门备案。地方管理的国有资产评估项目的备案工作,比照上述原则执行。

企业申请公开发行股票涉及资产评估的,应聘请具有证券从业资格的资产评估机构承担,资产评估工作一般包括资产清查、评定估算、出具评估报告。

第二节 上市团队的组建和前期准备工作

一、企业内部上市团队组建

由于上市工作非常复杂,具有涉及面广、工作量大和周期长的特点,准备上市的企业必须调配专门的人才，成立专门的组织机构来从事这项工作。企业一般应成立上市领导小组和上市工作小组。上市领导小组一般由3~7人组成，应该包括股东代表、主要董事会成员、主要高管成员，主要职责是负责企业整个上市进程中所有重大问题的决策，领导、指挥上市工作小组实施上市工作计划，圆满完成上市工作。

上市工作小组是上市领导小组下属的日常工作机构，一般由总经办、人事行政部门、财务部门及其他相关部门选派3~5人组成。上市工作小组在上市领导小组的领导下开展上市的各项具体工作，主要包括配合上市顾问、券商、律师、会计师、评估师等中介机构工作，按照要求提供系列详尽资料，完成各机构安排的各项工作。

二、上市的前期准备工作

（一）选择中介机构

股票发行上市一般需要聘请以下中介机构：保荐机构（通常也是承销机构）、会计师事务所（具备证券从业资格）、律师事务所、资产评估机构（具备证券从业资格）。如果企业改制过程只是将有限责任公司变更为股份有限公司，且股份公司成立后较长时间内不准备上报IPO材料的，企业只需聘请会计师事务所、律师事务所和资产评估机构即可；如果企业准备在改制后尽快上报IPO材料，建议在改制阶段就确定保荐机构和保荐代表人，此时他们可以担任财务顾问的角色。

企业和中介机构是双向选择的。企业在选择中介机构时应该注意以下几个方面：

一是中介机构是否具有从事证券业务的资格。在我国，会计师事务所和资产评估机构从事股票发行上市业务必须具有证券从业资格，保荐机构必须具有保荐承销业务资格。

二是中介机构的执业能力、执业经验和执业质量。企业需要对中介机构的执业能力、执业经验和执业质量进行了解，选择具有较强执业能力、熟悉企业所从事行业的中介机构，以保证中介机构的执业质量。一般而言，中介机构的声誉能反映其整体实力，良好的声誉是内在质量的可靠保证。

三是中介机构之间能够进行良好的合作。股票发行上市是发行人以及各中介机构群策群力的结果，中介机构之间应该能够进行良好的合作。

四是费用。中介机构的费用是企业控制发行上市成本需要考虑的一个重要问题，具体收费或收费标准一般由双方协商确定。

（二）中介机构尽职调查

中介机构向发行人提交尽职调查提纲，由企业根据提纲的要求提供文件资料。通过尽职调查，全面了解企业各方面的情况，确定改制方案。尽职调查是为了保证向投资者提供的招股资料全面、真实完整而设计的，也是制作申报材料的基础，需要发行人全力配合。企业内部根据各中介机构的要求提供的文件需安排专人进行保管，最好制作为扫描文件存档，有利于提高日后申报过程中提供文件的效率。

尽职调查的范围包括母公司、控股子公司、对企业生产经营业绩具有重大影响的非控股子公司。尽职调查的内容主要包括公司成立以来的合法性、业务状况和发展前景，具体包括以下五个方面：

（1）对企业最初设立登记以及持续经营过程中的增资扩股、股权转让、经营范围变更、营业期限变更、公司类型变更、名称变更、住所变更及董事、监事及高级管理人员变更等是否合法合规进行核查。该项尽职调查主要由律师完成，并提出企业历史沿革中存在的问题及整改方案。

（2）核查企业持续经营过程中资产形成的合法性，主要经营资产的形成过程及现有资产的真实性，包括但不限于核查企业及分公司、子公司主要资产，尤其是土地、房产、机动车、商标、专利、软件著作权等明细清单、权属过户证明和产权证等文件。该项尽职调查主要由律师完成，并提出企业资产中存在的问题及整改方案。

（3）核查企业财务状况，包括但不限于核查企业经营业绩的真实性、关联交易情况、财务制度状况、财务数据的真实性。该项调查主要由注册会计师完成，指出问题并提出解决方案。

（4）核查企业经营现状与可持续发展，包括核查企业目前的业务模式及状况，业务发展前景以及经营特定行业的合法性。此项工作主要由保荐机构负责，律师配合。

（5）其他方面的尽职调查，包括但不限于核查公司研究开发能力和核心技术情况，对公司重要合同、知识产权、诉讼等方面的调查以及对公司纳税、社保、公积金、环保、安全等方面的调查等。

（三）中介机构协调会

中介机构经过尽职调查阶段对公司的了解，发行人与保荐机构将召集所有中介机构参加中介机构协调会。协调会由保荐机构主持，就发行上市的重大问题，如股份公司设立方案、资产重组方案、股本结构、财务审计、资产评估、土地评估、盈利预测等事项进行讨论。协调会将根据工作进展情况不定期召开。首次中介机构协调会的召开，标志着中介机构正式进场，改制工作拉开序幕。

（四）各中介机构开展工作

根据协调会确定的工作进程，确定各中介机构工作的时间表。各中介机构按照时间表开展工作，主要包括对初步方案进一步分析、财务审计、资产评估及各种法律文件的起草工作。

资产评估结果及资产折股方案应得到国有资产管理部门的确认，土地评估结果应得到土地管理部门的确认。

企业筹建工作基本完成后，向注册地市场监管局提出正式申请设立股份有限公司，并提交以下文件（具体请参考注册地市场监管局要求）：公司设立申请书、主管部门同意公司设立意见书、企业名称预核准通知书、发起人协议书、公司章程、公司改制可行性研究报告、资金运作可行性研究报告、资产评估报告、资产评估确认书、土地使用权评估报告书、国有土地使用权评估确认书、发起人货币出资验资证明、固定资产立项批准书、三年财务审计及未来一年业绩预测报告。

以全额货币发起设立的，可免报资产评估报告、资产评估确认书、土地使用权评估报告书、国有土地使用权评估确认书和三年财务审计报告。

（五）召开创立大会

注册地市场监管局对上述有关材料进行审查论证，审批企业是否能够注册股份公司，公司组织召开创立大会，选举产生董事会和监事会。在创立大会召开后30天内，公司组织向注册地市场监管局报送批准设立股份公司的文件、公司章程、验资证明等文件，申请设立登记。注册地市场监管局在30日内作出决定，获得营业执照。

（六）辅导阶段

在取得营业执照之后，股份公司依法成立，按照中国证监会的有关规定，拟公开发行股票的股份有限公司在向中国证监会提出股票发行申请前，均须由具有主承销资格的证券公司进行辅导，辅导期限一年。辅导内容主要包括以下方面：股份有限公司设立及其历次演变的合法性、有效性；股份有限公司人事、财务、资产及供、产、销系统的独立完整性；对公司董事、监事、高级管理人员及持有 5% 以上（含 5%）股份的股东（或其法人代表）进行《公司法》《证券法》等有关法律法规的培训；建立健全股东大会、董事会、监事会等组织机构，并实现规范运作；依照股份公司会计制度建立健全公司财务会计制度；建立健全公司决策制度和内部控制制度，实现有效运作；建立健全符合上市公司要求的信息披露制度；规范股份公司和控股股东及其他关联方的关系；公司董事、监事、高级管理人员及持有 5% 以上（含 5%）股份的股东持股变动情况是否合规。

辅导工作开始前 10 个工作日内，辅导机构应当向派出机构提交以下材料：辅导机构及辅导人员的资格证明文件（复印件）；辅导协议；辅导计划；拟发行公司基本情况资料表；最近两年经审计的财务报告（资产负债表、损益表、现金流量表等）。辅导协议应明确双方的责任和义务。辅导费用由辅导双方本着公开、合理的原则协商确定，并在辅导协议中列明，辅导双方均不得以保证公司股票发行上市为条件。辅导计划应包括辅导的目的、内容、方式、步骤、要求等内容，辅导计划要切实可行。

辅导有效期为 3 年，即本次辅导期满后 3 年内，拟发行公司可以向承销机构提出股票发行上市申请；超过 3 年，则须按本办法规定的程序和要求重新聘请辅导机构进行辅导。

第三节 相关主管部门与材料申报

一、上市工作涉及的主管部门

企业需要根据自身行业及历史沿革情况，结合中介机构的尽调结果和相关单位受理情况，来判断具体需要取得何种合规证明，此处仅列出可能涉及的部门。

(一) 地方政府

地方政府规划、引导、协调当地企业改制上市工作。企业需要地方政府协调解决的问题主要有：各种无重大违法违规行为的证明及认定；涉及国有资产、集体资产改制所形成的股权的合法性认定；国有企业土地相关审批、国有股划转等协调事项。

(二) 企业上市地方主管部门（金融办/上市办）

企业上市地方主管部门主导企业改制上市过程中进行组织协调和指导服务工作，协调地方政府及相关职能部门解决企业在改制上市过程中遇到的相关问题，推进企业改制上市工作。

(三) 地方证监局

地方证监局受理企业上市辅导报备，进行辅导验收，配合中国证监会进行举报信息核查等。

(四) 发改委（包括地方发改委和国家发改委）

发改委对企业上市募集资金投资项目进行核准或备案。在中国证监会审核时，国家发改委还将就申报中小企业板的发行人的募投项目是否符合国家产业政策和投资管理规定出具相关意见。

(五) 税务机关（包括国税局和地税局）

税务机关应为企业报告期内经营活动及改制过程中的纳税行为是否规范出具证明。

(六) 环保部门（包括地方环保部门和环保部）

根据《关于对申请上市的企业和申请再融资的上市企业进行环境保护核查的通知》（〔2003〕101号），属于冶金、化工、石化、煤炭、建材、造纸、酿造、制药、发酵、纺织、制革、采矿业12个行业，需要省级环保部门进行环保核查并给出环保意见，但是，国家环保部于2014年9月19日印发了《关于改革调整上市环保核查工作的通知》，各级环保部门不再开展上市环保核查。但在实际操作中，仍存在环保部门开具合法合规意见的情况。

(七) 国土资源管理部门

国土资源管理部门要协调办理历史遗留的各种土地等产权问题，为企业土地使用是否合法合规出具证明。

（八）房地产管理部门

房地产管理部门应协调办理历史遗留的各种房产等产权问题。

（九）劳动与社会保障部门

劳动与社会保障部门要对企业是否遵守国家劳动法规，是否按规定给员工缴纳社保"五险一金"等出具无违规证明。

（十）市场监管局

市场监管局要为企业办理年检、工商注册登记、变更营业执照及建设项目非工商登记、是否合法合规证明等手续，给予支持。

（十一）商务部门

商务部门根据国家有关政策负责办理中外合资、外资独资企业在境外上市的初审，审批外商投资股份有限公司的设立及其变更，对中外合资、外资独资企业在境内上市时，发行人外资股进行确权。

（十二）国有资产管理部门

国有资产管理部门应为企业中涉及国家出资的企业提供相关业务资讯及法律法规政策指导服务，对国有大型企业需报国家审批的项目、改制上市等，协助企业办理相关审批手续，对于改制过程中涉及国有资产转让是否合法合规出具证明。

（十三）海关部门

海关部门应对有进出口业务的企业出具无违规证明。海关违规常见的三种情形为：免税进口的设备违规使用；保税区材料用于保税区外以避税；企业报关时报关手续主观或者客观出现错误。

二、需要准备的材料

根据公司注册地点的不同，向不同主管部门提供的材料不同，具体可根据主管部门公布的材料清单准备上市所需的相关材料。

改制前的规范整改

第一节　重要法律问题规范

一、历史沿革

（一）工会、职工持股会的审核关注要点

1. 处理标准

发行人控股股东或实际控制人存在职工持股会或工会持股情形的，应当予以清理。

对于间接股东存在职工持股会或工会持股情形的，如不涉及发行人实际控制人控制的各级主体，发行人不需要清理，但应予以充分披露。

对于工会或职工持股会持有发行人子公司股份，经保荐机构、发行人律师核查后认为不构成发行人重大违法违规的，发行人不需要清理，但应予以充分披露。

2. 程序合规性

公司按照当时有效的法律法规履行了相应程序，入股或股权转让协议、款项收付凭证、工商登记资料等法律文件应当齐备。

（二）出资瑕疵[①]的审核关注要点

1. 出资足额缴纳

公司的注册资本应依法足额缴纳。发起人或者股东用作出资的资产的财产权转移手续已办理完毕。

2. 专利技术出资

根据法律规定，非货币资产出资应当进行评估作价，不得高估或者低估作价。实践中，公司历史上存在通过专利技术、商标等无形资产出资的情况。公司应当评估当时作价评估采用的预测收入数据是否与日后的实际经济利益流入情况相匹配。如存在，则应当根据实际情况重新评估作价，并对差额部分进行补足；如对作价合理性无法进行合理说明，则建议用现金进行置换。

---

① 出资瑕疵是指股东在对公司出资时，其所出资的财产或财产权利存在瑕疵，或其出资行为存在瑕疵，即出资不实。

3. 国有企业、集体企业改制

对于公司是国有企业、集体企业改制而来的或历史上存在挂靠集体组织经营的企业，若改制过程中法律依据不明确、相关程序存在瑕疵或与有关法律法规存在明显冲突，公司应当获取有关部门关于改制程序的合法性、是否造成国有资产或集体资产流失的意见。

4. 国有股权设置问题及确权问题

2000年5月财政部发布的《财政部关于股份有限公司国有股管理工作有关问题的通知》（财管字〔2000〕200号）第5条规定：地方股东单位的国有股权管理事宜（包括但不限于地方国有资产占用单位设立公司和发行A股股票）由省级财政（国资）部门审核批准；国务院有关部门或中央管理企业的国有股权管理事宜由财政部审核批准。但发行外资股（B股、H股等）、国有股变现筹资，以及地方股东单位的国家股权、发起人国有法人股权发生转让、划转、质押担保等变动有关国有股权管理事宜，须报财政部审核批准。

财政部和省级财政（国资）部门出具的关于国有股权管理的批复文件是有关部门批准成立股份公司、发行审核的必备文件和证券交易所进行股权登记的依据。

2018年5月，国务院国有资产监督管理委员会、财政部、中国证券监督管理委员会发布的《上市公司国有股权监督管理办法》（国资委、财政部、证监会令第36号，以下简称36号文）要求国有股东对证券账户进行标注。同时，36号文第78条明确规定："国有出资的有限合伙企业不作为国有股东认定，其所持上市公司股份的监督管理另行规定。"但是截至目前，该等"另行规定"一直未能出台或者得到国资监管部门的明确解释。

36号文于2018年7月1日生效后，涉及国有出资有限合伙企业认定的过会案例显示，即使国有出资的有限合伙企业是政府部门、机构、事业单位和国有独资或全资企业通过投资关系、协议或者其他安排，能够实际支配其行为的境内外企业，亦未被要求按照国有股东进行管理。

案例3-1 广东南方新媒体股份有限公司

在广东南方新媒体股份有限公司（以下简称新媒股份）创业板上市补充法律意见中，针对广东浙大粤科华南创新投资合伙企业（有限合伙）曾为新媒股份股东，且其国资比例大于50%的问题，新媒股份引用36号文第78条，论述国有出资的有限合伙企业不作国有股东认定。

案例3-2 深圳市铁汉生态环境股份有限公司

在深圳市铁汉生态环境股份有限公司（以下简称铁汉生态）非公开发行优先股证监会反馈意见回复中，针对深圳市国资委、深圳市财政委员会、合肥市国资委合计间接持有铁汉生态股东深圳投控共赢股权投资基金合伙企业（有限合伙）60.98%份额的问题，铁汉生态引用36号文第78条，论述国有出资的有限合伙企业不作国有股东认定。

（三）股权代持问题

1. 核查要求

《首次公开发行股票并上市管理办法》第13条要求："发行人的股权清晰，控股股东和受控股股东、实际控制人支配的股东持有的发行人股份不存在重大权属纠纷。"因此，发行人股权清晰是公司获准IPO的发行条件之一。发行人在上市申报前要及时清理股份代持[①]。

2. IPO审核关注要点

（1）确认代持的真实情况

中介机构核查代持关系成立的手段有两种：第一，通过查阅显名股东和隐名股东的委托持股协议并向双方确认；第二，通过查明隐名股东是否实际出资以及隐名股东是否实际享有股东权益（如分红、显名股东进行表决是否需要隐名股东授权等）。

如果代持关系成立，但显名股东和隐名股东未签署委托持股协议，则

[①] 股份代持是指实际出资人在从事经营性、投资性活动过程中，由于自身的各种原因，对外不显示其作为出资人的事实，借用他人的名义，实施与经营行为、投资行为相关的活动，并从中获取收益、承担风险的一种法律现象。

显名股东可出具《关于所持股权实际归属情况的说明》，以明确股权的实际归属，并声明自己对代持的股权并无异议。

（2）确认隐名股东出资资金来源

股东资格形成的基础是对公司实际出资。应注意：第一，隐名股东的出资资金来源是否合法；第二，有关资金是借贷资金还是自有资金。如果隐名股东有关资金源于借贷，则需要明确借款人是否对代持股权存在争议或权利主张。

（3）股权代持清理

股权代持清理方案主要有三种：

第一种，显名股东将所代持的股权转让给隐名股东或其控制的主体（无偿），即股权代持还原，该方式类似于股东对外转让股权，需要履行有限公司内部决议程序，其他股东有优先购买权（但建议提前与其他股东沟通放弃优先购买权以实现股权代持还原）；

第二种，隐名股东将实际出资额转让给显名股东（有偿），使显名股东成为实际股东；

第三种，显名股东将所代持的股权转让给隐名股东指定的主体（有偿）。通常情况下，显名股东从指定股权受让主体取得股权转让价款后，再转付给隐名股东。

二、合规运营

（一）经营资质

公司的生产经营应当符合法律、行政法规和公司章程的规定，符合国家产业政策。公司经营范围涉及行政审批的，应当取得相关部门的批准，不得超过其经营范围经营。如果公司从事特殊行业或业务的，应当取得了相关主管部门的资质许可。

公司应当全面梳理本公司经营涉及业务的相关产业政策，逐项分析公司经营的业务是否需要获得国家相关部门的业务资质许可后才能开展经营。如从事网络电信增值服务的企业需要获得工信部的增值电信业务许可证（ICP证）。

（二）土地使用权

公司存在使用或租赁使用集体建设用地、划拨地、农用地、耕地、基本农田及其上建造的房产等情形的,应当根据《土地管理法》等法律法规的规定,依法办理必要的审批或租赁备案手续。

公司主要生产经营场所相关土地使用权的取得和使用原则上需符合法律法规的规定。上述土地为发行人自有或虽为租赁但房产为自建的,如存在不规范情形且短期内无法整改,公司应当评估该类土地或房产的面积占发行人全部土地或房产面积的比例、使用上述土地或房产产生的收入、毛利、利润情况,评估其对于公司生产经营活动的重要性。

(三)厂房建设合规性问题

根据法律法规有关规定,在城市、镇规划区内进行工程建设的需要取得国有土地使用证(《中华人民共和国城镇国有土地使用权出让和转让暂行条例》第16条)、建设用地规划许可证(《中华人民共和国城乡规划法》第38条)、建设工程规划许可证(《中华人民共和国城乡规划法》第40条)、建筑工程施工许可证(《中华人民共和国建筑法》第7条)。

根据《环境影响评价法》第25条的规定,建设项目的环境影响评价文件需要经审批部门批准方可开工建设。

此外,根据《中华人民共和国消防法》第13条的规定,国务院住房和城乡建设主管部门规定应当申请消防验收的建设工程竣工,建设单位应当向住房和城乡建设主管部门申请消防验收。除此以外的其他建设工程,建设单位在验收后应当报住房和城乡建设主管部门备案。消防验收或备案完毕后,公司再另行办理房产的房产证。

(四)环保问题

公司应当梳理生产经营中涉及环境污染的具体环节、主要污染物名称及排放量、主要处理设施及处理能力。公司环保投入、环保相关成本费用应当与处理公司生产经营所产生的污染相匹配。如果公司在申报IPO的报告期内发生环保事故或受到行政处罚的,应当获得相关部门关于该事项不属于重大违法违规的证明,并采取整改措施。

1. 投资建设项目的项目立项

项目立项[①]可分为三类:鼓励类、许可类、限制类,其对应的报批程

---

① 项目立项是指投资建设项目通过项目实施组织决策者申请,得到政府发改委/经信局/经信委等投资管理部门的审议批准,并列入项目实施组织或者政府计划的过程。

序为备案制、核准制、审批制。

2. 投资建设项目环境影响评价

《环境影响评价法》第 16 条规定："国家根据建设项目对环境的影响程度，对建设项目的环境影响评价实行分类管理。"

《建设项目环境影响评价分类管理名录（2017）》细化了需要办理环境影响评价报告书、报告表和备案表的行业类型。建设主体在开工建设前应当根据拟建项目的实际情况参照上述规定办理相应的环境影响评价，并在取得相关批复后开工建设。

3. 需要重新报批环评的情形

根据《环境影响评价法》第 24 条，以下情形发生后，建设单位应当重新报批建设项目的环评文件：

（1）建设地点发生变化；

（2）生产工艺发生变化或增加了生产工艺；

（3）生产设施发生变化或增加了；

（4）产能扩大了；

（5）降低环评等级；

（6）越权审批；

（7）建设项目的环境影响评价文件自批准之日起超过 5 年，企业才对项目进行开工建设。

4. 环评过程中常见的法律风险

（1）未批先建——未经审批擅自投入建设

根据《环境影响评价法》第 31 条的规定，建设单位未依法报批建设项目环境影响报告书、报告表，擅自开工建设将有被处罚的风险。

（2）未验先投——未经验收擅自投入生产

根据《建设项目环境保护管理条例》第 23 条的规定，需要配套建设的环境保护设施未建成、未经验收或者验收不合格，建设项目即投入生产或者使用，相关单位和负责人将有被处罚的风险。

（3）违反"三同时"制度

根据《中华人民共和国环境保护法》第 41 条的规定，建设项目中防治污染的设施，应当与主体工程同时设计、同时施工、同时投产使用。

根据《建设项目环境保护管理条例》的相关规定，编制环境影响报告书、环境影响报告表的建设项目，其配套建设的环境保护设施经验收合格，方可投入生产或者使用；未经验收或者验收不合格的，不得投入生产或者使用；建设单位编制建设项目初步设计未落实防治环境污染和生态破坏的措施以及环境保护设施投资概算，未将环境保护设施建设纳入施工合同，或者未依法开展环境影响后评价的，建设单位将有被处罚的风险；建设单位在项目建设过程中未同时组织实施环境影响报告书、环境影响报告表及其审批部门审批决定中提出的环境保护对策措施的，需要配套建设的环境保护设施未建成、未经验收或者验收不合格，建设项目即投入生产或者使用，或者在环境保护设施验收中弄虚作假的，建设单位将有被处罚的风险。

（五）社保、公积金缴纳

根据法律规定，用人单位和劳动者必须依法参加社会保险，缴纳社会保险费。实践中，公司普遍存在以下问题：①未为全部员工缴纳社保；②未按照实际基数缴纳社保；③只缴纳部分险种；④由第三方代为缴纳。

公司应当在申报前为全部员工按照规定缴纳社保，并取得相关部门的无违法违规证明。

（六）劳务派遣、劳务外包

劳务派遣[①]和劳务外包[②]均为对用工单位劳动力紧缺情形下的重要补充。

公司雇佣的劳务外包公司应当合法合规经营，该劳务外包公司应当具备必要的专业资质，应当遵循国家环保、税务、劳动保障等法律法规的相关规定。如果劳务外包公司存在主要为发行人服务的情形，需要说明其合理性及必要性。

劳务外包和劳务派遣的区别如表3-1所示。

---

① 劳务派遣是指由劳务派遣机构与派遣劳工订立劳动合同，把劳动者派向其他用工单位，再由其用工单位向派遣机构支付一笔服务费用的一种用工形式。用工单位只能在临时性、辅助性或者替代性的工作岗位上使用被派遣劳动者。公司应当严格控制劳务派遣用工数量，使用的被派遣劳动者数量不得超过其用工总量（自主用工＋劳务派遣用工）的10%。

② 劳务外包是指发包方将其部分业务或工作内容交由承包方完成，发包方按照约定向承包方支付外包费用，外包的业务或工作内容一般为发包方的非核心业务。

表 3-1 劳务外包和劳务派遣的区别

内容	劳务派遣	劳务外包
合同形式及主要条款	劳务派遣公司与用工单位签订劳务派遣协议，约定派遣岗位和人数、派遣期限、劳动报酬、保险、劳务费结算、支付方式等	外包单位与企业签订合同的主要形式为生产外包、业务外包、岗位外包合同等，合同一般主要约定外包服务内容、双方的权利义务、外包服务费及支付结算、用工风险安排等
用工风险承担	用工单位承担实际的用工风险，用工单位给被派遣劳动者造成损害的，劳务派遣公司与用工单位承担连带赔偿责任	外包服务单位承担用工风险，发包方不对外包人员承担连带赔偿责任
人员管理权限和责任	劳务派遣单位主要负责与派遣员工劳动人事关系、工资社保关系和劳动用工手续的建立，同时代收代付工资、社保、公积金等人力成本。劳务派遣人员的日常管理由用工单位负责，由用工单位负责告知劳务派遣人员本单位的规章制度、操作规程，接受用工单位的管理并遵守用工单位管理。劳务派遣单位不对被派遣人员进行管理和考核	外包单位通过其自身的内部规章制度对外包人员进行管理和考核，外包单位提供人员的招聘与配置、劳动关系建立、培训、薪酬管理、绩效考核、社保缴纳等，在外包业务执行过程中，外包单位参与外包服务流程。发包方不直接管理外包人员，发包方的规章制度也不直接适用于外包人员
经营资质	劳务派遣单位必须获得劳务派遣经营许可证，方可从事劳务派遣业务	外包单位一般没有特别的经营资质要求，但如果发包方的生产经营需要取得经营资质的，则外包单位也必须具有相关经营资质
薪酬标准	劳务派遣员工与用工单位的正式员工同工同酬，劳务派遣员工的具体工资由用工单位决定和承担。允许用工单位接受劳务派遣单位委托直接向派遣人员支付报酬	外包单位自行决定外包人员的工资标准并向外包人员支付报酬，与发包方无关
服务费结算方式	由用工单位按劳务派遣人员的数量支付劳务派遣服务费	由发包方与外包单位以工作内容和工作结果为基础，并依据外包合同进行结算

案例 3-3　虹软科技股份有限公司

虹软科技股份有限公司（以下简称虹软科技）报告期初劳务派遣人数为 2 人，在员工总人数中的占比为 0.49%，报告期末劳务派遣人数为 14 人，在员工总人数中的占比为 2.46%。根据虹软科技招股说明书披露，虹软科技通过持有《劳务派遣经营许可证》的杭州三赢人力资源服务有限公司聘用劳务派遣人员从事临时性、辅助性或替代性岗位，合计聘用劳务派遣人员 14 名，主要从事数据采集、软件测试等辅助性岗位工作，被派遣劳动者数量未超过发行人用工总量的 10%，符合《劳动合同法》和《劳务派遣暂行规定》等相关法律法规的规定。虹软科技已成功过会。

案例 3-4　上海微创心脉医疗科技股份有限公司

上海微创心脉医疗科技股份有限公司（以下简称心脉医疗）报告期初劳务派遣人数为 81 人，在员工总人数中的占比为 35.06%，报告期末劳务派遣人数为 0 人，在员工总人数中的占比为 0%。根据心脉医疗招股说明书披露，报告期内，心脉医疗持续对劳务派遣用工情况进行了规范，截至报告期末，心脉医疗已不存在劳务派遣情况。心脉医疗已成功过会。

案例 3-5　中国铁路通信信号股份有限公司

中国铁路通信信号股份有限公司（以下简称中国通号）报告期初劳务派遣人数为 1071 人，在员工总人数中的占比为 6.52%，报告期末劳务派遣人数为 1104 人，在员工总人数中的占比为 5.75%。中国通号已成功过会。

（七）独立性问题

1. 关联交易

公司存在关联交易的，应披露交易的合法性、必要性、合理性及公允性，以及关联方认定、关联交易履行的程序等事项，具体如下：

（1）关联方的认定，公司应按照《公司法》《企业会计准则》和中国

证监会的相关规定认定并披露关联方;

（2）交易的必要性、合理性及公允性的认定，公司应披露关联交易内容、交易金额、交易背景以及相关交易与公司主营业务之间的关系，说明关联交易的公允性，以及是否存在对公司或关联方的利益输送，如果关联交易的收入占公司收入、利润总额比例超过30%，需要减少有关关联交易;

（3）披露关联交易决策程序，公司应当披露章程对关联交易决策程序的规定，已发生关联交易的决策过程是否与章程相符，关联股东或董事在审议相关交易时是否回避，以及独立董事和监事会成员是否发表不同意见等。

2. 同业竞争

存在竞争关系的竞争方构成和公司的同业竞争，具体判断方法如下：

（1）竞争方认定

①控股股东、实际控制人为自然人，其夫妻双方直系亲属（配偶、父母、子女）控制的企业通常被认定为竞争方;

②其他近亲属（兄弟姐妹、祖父母、外祖父母、孙子女、外孙子女）控制的企业原则上不认定为竞争方，但需要根据历史沿革、资产、人员、业务、技术、财务等方面是否独立，客户和供应商销售渠道是否重叠，报告期内是否存在交易和资金往来等因素综合考虑。如果在报告期内前述指标独立、重叠较少，则不认定为竞争方的可能性较大;

③其他亲属控制的企业，通常不认定为竞争方。

（2）竞争关系的认定

是否认定为"竞争"应结合相关企业历史沿革、资产、人员、主营业务（包括但不限于产品服务的具体特点、技术、商标商号、客户、供应商等）等方面与公司的关系，以及业务是否具有替代性和竞争性、是否有利益冲突等，判断是否对公司构成竞争。

3. 客户/供应商持股问题

若公司引入客户/供应商持股能充分论证入股原因、销售的真实性、是否故意规避关联方认定、关联交易的公允性等问题，且持股比例在5%以下，通常不会构成IPO实质性障碍。

客户/供应商成为公司股东可能会被认定为关联方。证监会会关注该客户/供应商和公司之间的交易是否存在操纵利润的情形。

基于相关案例，可总结以下认定原则：

第一，如果公司与入股的客户/供应商交易产生的收入、成本费用或利润总额占发行人相应指标高的（如达到30%），被审核认可的可能性较低；

第二，如果公司与入股客户/供应商交易金额比例持续上升，公司过会可能性较低，交易金额比例持续下降的，被审核认可的可能性较高；

第三，如果已入股的客户/供应商和公司存在且保持着长期采购、供货关系，被审核认可的可能性较高，如果公司存在突击入股的客户/供应商，被审核认可的可能性较低；

第四，如果客户/供应商股东的入股是出于行业惯例、公司发展战略考虑的，被审核认可的可能性较高，如果客户/供应商股东的入股仅为了提升短期收益、业绩，被审核认可的可能性较低。

案例3-6　东莞市宇瞳光学科技股份有限公司

东莞市宇瞳光学科技股份有限公司（以下简称宇瞳光学）第一大直销客户浙江大华技术股份有限公司（以下简称大华股份）通过一有限合伙企业间接持有宇瞳光学0.0562%的股份。根据宇瞳光学招股说明书披露，大华股份不参与有限合伙企业的日常投资决策及管理事务。大华股份和宇瞳光学的交易均系正常商业交易，定价遵循市场化规律。宇瞳光学创业板上市审核已通过。

案例3-7　青岛日辰食品股份有限公司

青岛日辰食品股份有限公司（以下简称日辰股份）第一大客户福建圣农食品有限公司（以下简称圣农食品）为发行人股东福建德润壹号股权投资企业（有限合伙）（以下简称德润壹号）的有限合伙人，德润壹号执行事务合伙人为发行人参股股东福建融诚吾阳股权投资管理企业（有限合伙）（以下简称融诚吾阳）。德润壹号和融诚吾阳互为关联方，合计持有发行人8%的股份；山东日盈食品有限公司（以下简称日盈食品）为发行人控股股东青岛博亚投资控股有限公司参股14%股权的企业。2016—2019年上半年，日辰股份向日盈食品销售产品收入占比分别为6.2%、4.72%、3.62%、2.67%；圣农食品销售产品占比分别为14.07%、13.47%、16.28%、13.77%。日辰股份现已通过上交所主板上市审核。

案例3-8　杭州迪普科技股份有限公司

2016年12月，中移创新产业基金（深圳）合伙企业（有限合伙）（以下简称中移创新）成为杭州迪普科技股份有限公司（以下简称迪普科技）持股4.55%的股东，中国移动通信集团有限公司在中移创新持股58.82%，中国移动通信集团有限公司总部、各分公司及受其控制的子公司是迪普科技的主要客户。迪普科技现已通过创业板上市审核。

4. 发行人与高管共同设立子公司问题

根据2018年证券公司投行业务系列培训班（发行专题）第三期培训纪要，发行人与董监高及其亲属共同设立的公司应当清理。但是发行人和员工（含核心员工）持股平台共同设立的子公司有过会先例，具体如下：

案例3-9　山东世纪天鸿文教科技股份有限公司

北京天梯志鸿教育科技有限责任公司是山东世纪天鸿文教科技股份有限公司（以下简称世纪天鸿）和世纪天鸿员工（含核心员工）持股平台共同设立的子公司，发行人持股81.17%，员工持股平台持股18.83%。在员工持股平台中核心员工黄伟持股57.22%。世纪天鸿现已通过创业板上市审核。

（八）实际控制人认定与变更问题

1. 实际控制人认定

发行人股权较分散但存在单一股东控制比例达到30%情形的，原则上应将该股东认定为控股股东或实际控制人。通过一致行动协议主张共同控制的,原则上不排除第一大股东为共同控制人。

实际控制人的配偶、直系亲属,如持有公司股份达到5%以上或虽未超过5%但担任公司董事、高级管理人员并在公司经营决策中发挥重要作用,原则上应当认定为共同实际控制人。

实际控制人为单名自然人或有亲属关系的多名自然人,实际控制人去世导致股权变动,股份受让人为继承人的,通常不视为公司控制权发生变更。其他多名自然人为实际控制人,实际控制人之一去世的,应结合股权结构、去世自然人在股东大会或董事会决策中的作用、对发行人持续经营的影响等因素综合判断。

以股东间存在代持关系为由,认定公司控制权未发生变动的,通常不予认可。对于以表决权让与协议、一致行动协议等方式认定实际控制人的比照代持关系处理。

2.实际控制人不视为变更的情形

实际控制人为单一自然人或有亲属关系的多名自然人,实际控制人去世导致股权变动,通常不视为变更;实际控制人为多名自然人,实际控制人之一去世的,应结合股权结构及对发行人持续经营的影响综合考查。

案例3-10 苏州金鸿顺汽车部件股份有限公司

苏州金鸿顺汽车部件股份有限公司(以下简称金鸿顺)实际控制人原为洪健程、洪建沧及洪伟涵三位签订《一致行动协议》的自然人。洪健程与洪建沧系兄弟关系,洪健程与洪伟涵系父子关系。洪健程通过金鹤集团有限公司(以下简称金鹤集团)间接持有发行人64.72%的股份,三人合计间接持有发行人96.00%的股份。公司原董事长、实际控制人之一洪健程后来因病去世。其所持金鸿顺控股股东金鹤集团100%股权全部由洪伟涵继承。洪伟涵与洪建沧共同间接持有公司96.00%的股份,实际控制人间接持有的股权比例未发生变化。金鸿顺现已通过上交所主板上市审核。

(九)核心技术来源存在纠纷

《首次公开发行股票并上市管理办法》第30条第5项规定,发行人不得出现在用的商标、专利、专有技术以及特许经营权等重要资产或技术的取得或者使用存在重大不利变化等影响持续盈利能力的情形。一般技术的取得或者使用如果存在纠纷尚且会影响发行人的上市，核心技术来源存在纠纷影响发行人上市更是不言而喻。

案例 3-11　乔丹体育股份有限公司

> 2011 年，乔丹体育股份有限公司（以下简称乔丹体育）申请主板上市，在招股说明书中介绍了"乔丹""QIAODAN"商标情况，并提及了与耐克公司旗下 Jordan 的区别。在发审委过会后，原定 2012 年 3 月挂牌上市。2012 年 2 月 23 日，美国篮球明星迈克尔乔丹起诉乔丹体育商标侵权，申请撤销商标。最高院判定中文"乔丹"商标侵权，应予撤销，该公司只能保留"QIAODAN"。乔丹体育上交所主板现处于暂停上市状态。

案例 3-12　上海飞科电器股份有限公司

> 2014 年，上海飞科电器股份有限公司（以下简称飞科电器）首次申请上交所主板上市，在招股说明书中披露 2012 年皇家菲利普公司起诉发行人侵权剃须刀专利，截至 2014 年 3 月 31 日，案件正在审理，若败诉将面临赔偿责任。飞科电器首次申请上市中止。
>
> 2015 年，飞科电器第二次申请上市。招股说明书中披露已经与皇家菲利普公司于 2014 年 5 月 30 日达成和解，菲利普公司已于 2014 年 6 月 18 日撤回起诉，该诉讼事宜不会对发行上市构成实质性障碍。飞科电器现已通过上交所主板上市审核。
>
> 通过上述案例可知，核心技术来源存在纠纷对发行人上市的影响性之大。

（十）红筹架构

1. 设立目的

境内经营实体的实际控制人通常在英属维尔京群岛、开曼群岛等境外离岸中心以及已建立《内地与香港关于建立更紧密经贸关系安排》的香港特别行政区等地区设立特殊目的公司（SPV，通常设置多层境外架构），通过股权或协议安排由 SPV 返程控制境内经营实体。设立红筹架构的目的一般为，SPV 合并境内经营实体的业务和经营记录，继而由 SPV 实现境外融资、上市。

2. 红筹架构分类

实践中，红筹架构[①]主要分为股权控制类和协议控制类两类。

（1）股权控制类红筹架构，即由境内经营实体的实际控制人在境外离岸中心设立 SPV，由 SPV 或其下属子公司返程持有境内经营实体的权益。股权控制类红筹架构如图 3-1 所示。

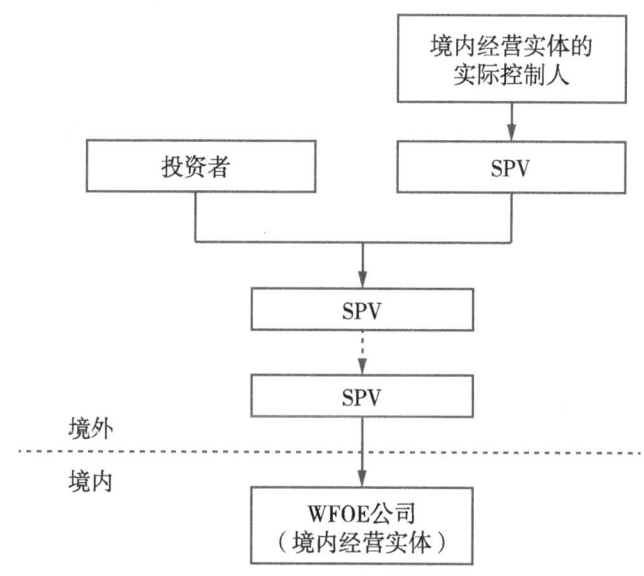

图 3-1　股权控制类红筹架构

（2）协议控制类红筹架构，即境内经营实体的实际控制人在境外离岸中心等境外注册地设立 SPV，并由境外 SPV 投资设立的外商独资企业（WFOE 公司）与境内经营实体（VIE 公司）签署独家业务合作协议、独

---

① 红筹架构，一般是指中国境内企业或居民搭建多层股权控制或协议控制架构，将其原于境内持有之境内经营实体的权益转由其控制的境外实体持有（权益的最终持有仍为中国境内企业或居民），并以相应的境外实体为融资平台在境外实现融资操作的一种结构安排。

家购买权协议、股权质押协议、授权委托书等一系列协议（VIE 协议）以达到实际控制境内经营实体的目的，最终将被控制的境内经营实体的利益转移至境外 SPV。协议控制类红筹架构如图 3-2 所示。

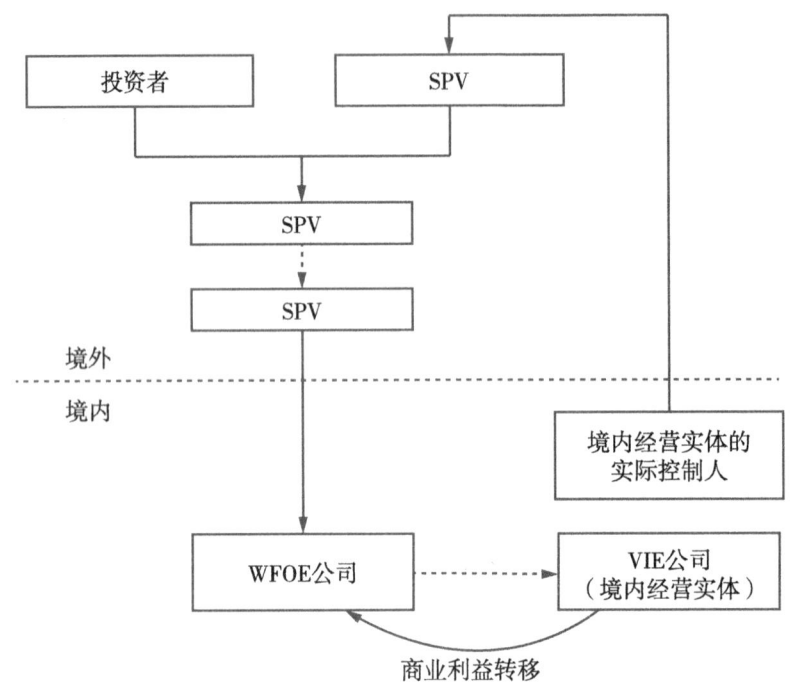

图 3-2　协议控制类红筹架构

3.IPO 审核关注要点

IPO 审核要求发行人股权清晰，如果发行人存在境外控制架构且实际控制人为中国国籍，应当将境外特殊目的公司架构去除并将控制权转移至境内。

4.红筹架构企业回归路径

（1）全部"红筹架构落地"

在这种情形下，实际控制人（控股股东）将其通过境外公司持有的境内经营实体全部权益转让给实际控制人本人（或其控股的境内实体持有），从而实现境内经营实体的控制权完全回归到境内。

第三章 改制前的规范整改

案例 3-13 深圳日海通讯技术股份有限公司

深圳日海通讯技术股份有限公司（以下简称日海通讯）红筹架构如图 3-3 所示。

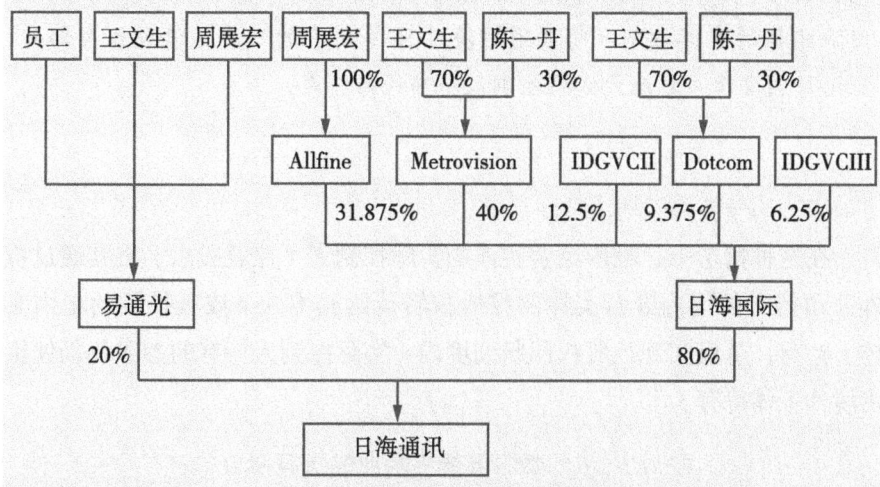

图 3-3 日海通讯的红筹架构

2008 年 9 月 18 日，境外实体日海国际与境内实体海若技术、境内实体允公投资、境外实体 IDGVC 签订股权转让协议书，日海国际将持有的日海通讯 39.5%、25.5% 和 15% 的股权分别转让给海若技术、允公投资、IDGVC，转让价格以评估公司评估值为基础。转让后的股权结构如图 3-4 所示。

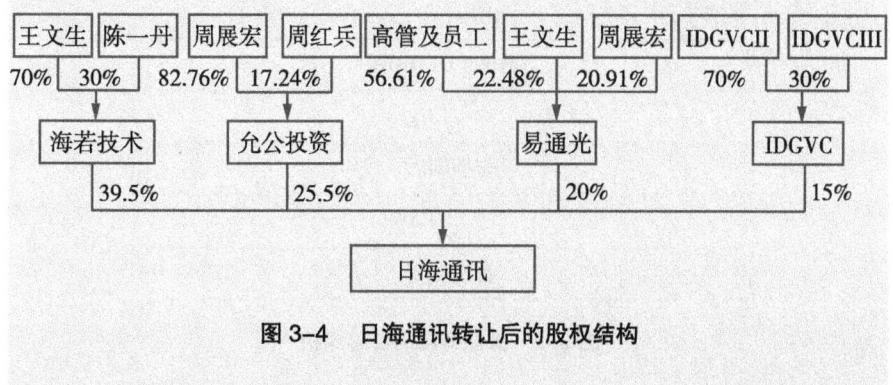

图 3-4 日海通讯转让后的股权结构

自然人王文生、周展宏直接通过其境内实体持有日海通讯的股权，IDGVCII、IDGVCIII则通过其香港子公司IDGVC持有日海通讯的股权。股权结构调整完成后，日海通讯实际控制人及其他主要股东的实际控制人保持不变，公司的主营业务、董事、监事及其他管理人员保持不变。日海通讯的实际控制人将其通过境外SPV持有的日海通讯股权全部转让给境内实体，以此方式将控制权全部转回境内。

（2）部分红筹架构落地

在这种情形下，境内经营实体的实际控制人（控股股东）将其通过境外公司持有的境内经营实体的控股权转让给其本人（或其控股的境内实体）持有，从而实现控股权回归到境内（实际控制人持有的参股权仍保留由境外主体持有）。

案例3-14 哈尔滨誉衡药业股份有限公司

哈尔滨誉衡药业股份有限公司（以下简称誉衡有限）红筹架构如图3-5所示。

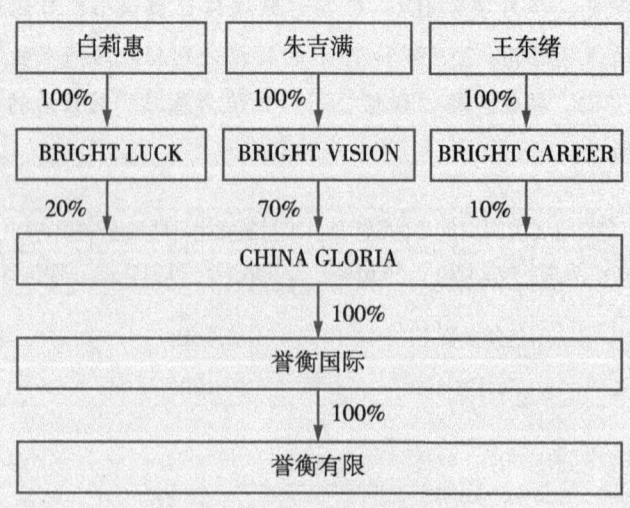

图3-5 誉衡有限的红筹架构

2007年10月30日,境外实体誉衡国际与境内实体恒世达昌签订股权转让协议书,誉衡国际将誉衡有限60%的股权转让给由朱吉满控股的恒世达昌,转让价格按照注册资本定价。

经过本次股权结构调整,誉衡有限的控制权由国外转回国内,实际控制人朱吉满通过境内实体持有誉衡有限60%的股权,同时朱吉满投资的境外SPV誉衡国际仍继续持有誉衡有限的股权。

(3)协议控制类红筹架构回归

案例3-15　天涯社区网络科技股份有限公司

天涯社区网络科技股份有限公司(以下简称天涯有限)红筹架构如图3-6所示。

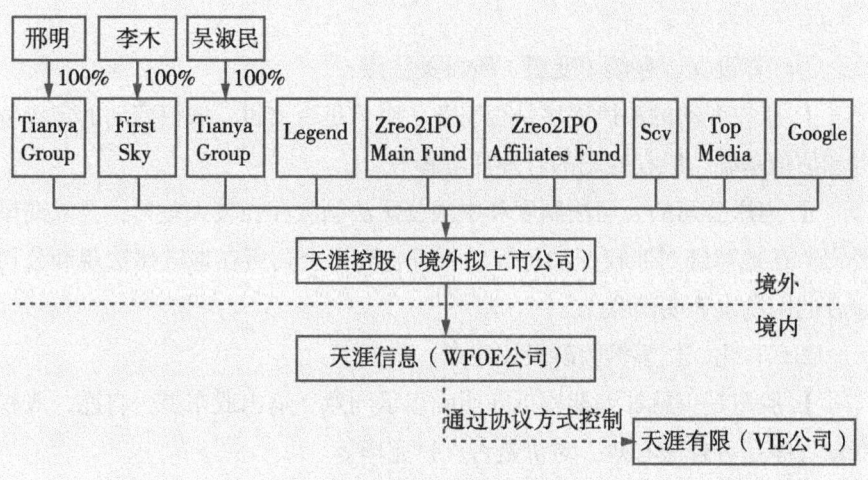

图3-6　天涯有限的红筹架构

天涯信息与天涯有限及(或)其股东签署了一系列控制协议,包括:①天涯信息与天涯有限签署的《独家技术咨询与培训协议》《独家技术支持与技术服务协议》;②天涯信息与天涯有限及其股东签署的《购股权协议》;③天涯信息与天涯有限及其股东签署的《股权质押协议》;④天涯有限各股东签署的授权委托书。

VIE 架构解除后，天涯有限的股权结构如图 3-7 所示。

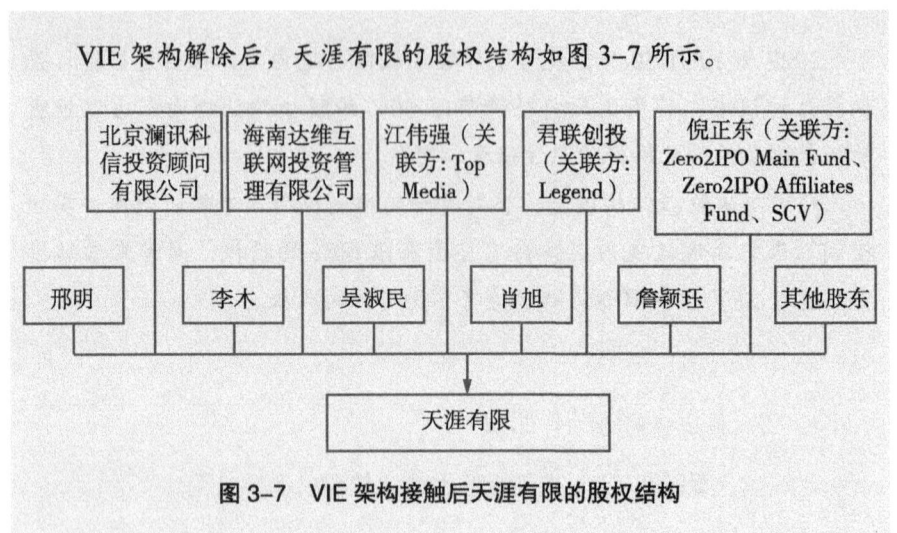

图 3-7　VIE 架构接触后天涯有限的股权结构

5. 红筹架构企业合规要点

（1）股权清晰、稳定、无纠纷

①红筹设立、存续（变更）阶段关注点：

Ⅰ.股权变动的法律程序是否完备、对价是否支付、股权变动的定价依据和估值基础、股权变动的合理性解释等。

Ⅱ.离岸公司的公司法制度和中国公司法制度存在较大差异，要求离岸公司所在地律师对股权变动行为是否符合离岸公司所在地法律法规和公司章程的问题发表明确意见。

②私有化、红筹拆除阶段关注点：

Ⅰ.股东是否就红筹架构拆除明确表示同意，退出股东是否自愿，股权变动程序是否合法有效，对价是否支付完毕等。

Ⅱ.要求充分说明红筹架构拆除前和拆除后存在持股比例差异的原因，例如，法律程序是否完备、股权变动的估值基础及商业上的合理性说明、股权变动的合理性解释。

③境外期权处理、境内股权激励关注点：

Ⅰ.境外离岸公司层面期权授予、变更和终止的法律程序是否完备及合法、期权授予和期权收回的定价依据以及与企业公允价值差异的财务处理。

Ⅱ.因离岸公司法律制度和中国法律制度的差异，很多创业公司在离岸公司层面期权发放人数超过200人，因国内法律制度要求在回归国内层面持股后需要将持股人数降至200人以下，这方面的核查事项包括离职员工期权清理和现金补偿员工清理的合法性问题，清理过程中是否涉及纠纷问题、中介机构的真实性核查是否到位问题等。

Ⅲ.境外期权授予对象和回归国内后境内持股主体的身份核查，是否存在未披露的代持或其他利益安排等问题。

Ⅳ.境内股权激励程序是否合法及相应财务处理原则。

（2）外汇合规性

①红筹搭建时的合规问题：

Ⅰ.创始人的37号文登记情况

Ⅱ.中国居民境外投资的程序合法性

Ⅲ.是否涉及违反外汇规定的资金出境

Ⅳ.外商投资企业外汇登记中是否存在虚假陈述等违规行为

Ⅴ.外汇登记是否完备

②境外融资资金汇回和结汇的问题：

Ⅰ.境外融资总金额的披露

Ⅱ.融资资金中有多少资金汇回境内

Ⅲ.以何种方式汇回境内

Ⅳ.结汇的程序是否合法

③红筹架构拆除时的合规性问题：

Ⅰ.境外持股瑕疵股东的补登记

Ⅱ.创始人的37号文注销登记

Ⅲ.WOFE的外汇注销登记

Ⅳ.在涉及员工期权的情况下：

A.非上市公司中是否有员工行权

B.上市公司的员工激励是否履行7号文的登记

C.员工行权的资金来源问题

D.员工收益实现的资金汇回

（3）税务合规性

①红筹架构的搭建属于资金投入，由于未产生收益，因此当事人不需缴税；

②红筹架构解除阶段，原境外上市主体将境内 WFOE 的股权转让给其他投资人时获得的股权转让收益，原境外上市主体股权转让所得按 10% 征收企业所得税，实行源泉扣缴；

③红筹架构解除阶段，若创始人在解除过程中取得收益的，缴纳应纳税所得额的 20% 作为个人所得税。

（十一）差异化表决权

1. 定义

差异化表决权又称为双重股权架构，即公司设立特别表决权股份和普通表决权股份双重架构。特别表决权股份每股拥有的表决权数倍于普通表决权股份，使有融资需求的企业在多轮融资后仍能保证企业战略方向稳定不变，创始团队可以持续控制公司。

2. 科创板关于差异化表决权的规则

根据上交所发布的《上海证券交易所科创板股票上市规则》（以下简称《科创板上市规则》），发行人在科创板首次公开发行并上市前设置表决权差异安排应当经出席股东大会的股东所持 2/3 以上的表决权通过。此外，《科创板上市规则》还从以下几个方面对差异化表决权作出了规制：

（1）设置表决权差异安排的条件

①市值及财务指标要符合下列标准之一：

Ⅰ.预计市值不低于 100 亿元人民币。

Ⅱ.预计市值不低于 50 亿元人民币，且近一年营业收入不低于 5 亿元人民币。

②表决权差异安排只能在公司首次公开发行并上市前设置完成，且需要稳定运行至少 1 个完整会计年度，公司上市后不得再进行此类股权安排。

（2）拥有特别表决权的股东应符合以下条件

①应当是对上市公司发展或业务增长等做出重大贡献，且在公司上市前及上市后持续担任公司董事的人员，或者该等人员实际控制的持股主体。

②在上市公司中拥有权益的股份合计应当达到公司全部已发行有表决

权股份 10% 以上。

（3）应保护持有普通表决权股份的股东

①每份特别表决权股份的表决权数量应在上市公司章程中确定，特别表决权股份不得超过普通股份的表决权数量的 10 倍。

②特别表决权股份与普通股份所享有的其他股东权利应当完全相同。

③公司上市后，除同比例配股、转增股本情形外，上市公司不得在境内外发行特别表决权股份，即便公司发生增发、回购等情形也不得使特别表决权比例高于原有水平。

（4）交易限制

特别表决权股份不得在二级市场进行交易。

（5）特别表决权限制

在以下情形下，特别表决权股份与普通股份的表决权数量相同：

①对公司章程作出修改。

②改变特别表决权股份享有的表决权数量。

③聘请或者解聘独立董事。

④聘请或者解聘为上市公司定期报告出具审计意见的会计师事务所。

⑤公司合并、分立、解散或者变更公司形式。

（6）出现下列任一情形，特别表决权股份应当按照 1∶1 的比例转换为普通股份

①持有特别表决权股份的股东不符合《科创板上市规则》关于特别表决权股东主体资格的规定和 10% 的最低持股要求，或者丧失相应履职能力、离任、死亡。

②实际持有特别表决权股份的股东失去对相关持股主体的实际控制。

③持有特别表决权股份的股东向他人转让所持有的特别表决权股份，或者将特别表决权股份的表决权委托他人行使。

④公司的控制权发生变更时，全部特别表决权股份均应当转换为普通股份。

（7）内部监督措施

具有表决权差异安排的上市公司监事会应在定期报告中就下列事项出具专项意见。

①持有特别表决权股份的股东是否持续符合《科创板上市规则》规定的主体资格要求。

②特别表决权股份是否出现《科创板上市规则》规定的永久转换情形并及时转换为普通股份。

③上市公司特别表决权比例是否持续符合《科创板上市规则》的规定。

④持有特别表决权股份的股东是否存在滥用特别表决权或者其他损害投资者合法权益的情形。

⑤公司及持有特别表决权股份股东遵守《科创板上市规则》关于内部治理其他规定的情况。

案例3-16　优刻得科技股份有限公司

2019年3月17日，优刻得科技股份有限公司（以下简称优刻得）优刻得召开2019年第一次临时股东大会，表决通过《关于〈优刻得科技股份有限公司关于设置特别表决权股份的方案〉的议案》，并修改公司章程，设置特别表决权。根据特别表决权设置安排，优刻得共同实际控制人季昕华、莫显峰及华琨持有的A类股份每股拥有的表决权数量为其他股东（包括本次公开发行对象）所持有的B类股份每股拥有的表决权的5倍。季昕华、莫显峰及华琨对公司的经营管理以及对需要股东大会决议的事项具有绝对控制权。本次发行前，季昕华、莫显峰及华琨合计直接持有优刻得26.8347%的股份，根据现行有效的公司章程，通过设置特别表决权持有优刻得64.7126%的表决权。

第二节　重要财务问题规范

一、内部控制

（一）销售收款内控循环

1. 内部控制指引要点

《企业内部控制应用指引第9号——销售业务》对公司销售[①]收款循环

[①]　销售是指企业出售商品（或提供劳务）及收取款项等相关活动。

的内部控制进行了规范和要求。

企业应当加强销售、发货、收款等环节的管理，采取有效控制措施，规范销售行为，扩大市场份额，确保实现销售目标。

企业销售过程中存在的重要风险主要包括：

（1）销售政策和策略不当，市场预测不准确，销售渠道管理不当等，导致销售不畅、库存积压、经营难以为继；

（2）客户信用管理不到位，结算方式选择不当，账款回收不力等，造成销售款项不能收回或遭受欺诈；

（3）销售过程中存在舞弊行为，可能导致企业利益受损。销售业务应用指引就此提出了相应的管控措施：

①要求企业加强市场调查，合理确定定价机制和信用方式，根据市场变化及时调整销售策略，灵活运用多种策略和营销方式，促进销售目标的实现，不断提高市场占有率；

②要求企业与客户进行业务洽谈、磋商或谈判，关注客户信用状况、销售定价、结算方式等相关内容，并签署销售合同，明确双方的权利和义务；

③要求企业销售部门按照经批准的销售合同开具相关销售通知，发货和仓储部门严格按照销售通知所列项目组织发货，确保货物的安全发运；

④完善客户服务制度，加强客户服务和跟踪，提升客户满意度和忠诚度，不断改进产品质量和服务水平；

⑤完善应收款项管理制度，明确销售、财会等部门的职责，并严格考核，实行奖惩；

⑥要求企业加强应收款项坏账的管理，应收款项全部或部分无法收回的，应当查明原因，明确责任。

2.销售收款循环流程

公司销售收款循环的一般流程如图3-8所示。

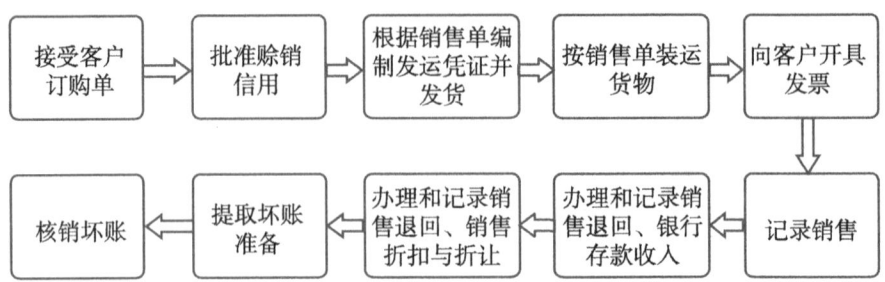

图 3-8 公司销售收款循环的一般流程

3. 流程风险及内控措施

销售收款循环各环节的普遍风险点及对应的控制措施如表 3-2 所示，公司可以根据自身的实际情况制定相应的内部控制制度。

表 3-2 销售收款循环各环节的普遍风险点及对应的控制措施

可能发生错误的环节		对应的风险	对应的控制措施
订单处理和赊销的信用控制	可能向没有获得赊销授权或超出了其信用额度的客户赊销。	已记录的营业收入、应收账款等所对应的交易是否真实存在。	第一，订购单上的客户代码与应收账款主文档记录的代码一致，目前未偿付余额加上本次销售额在信用限额范围内，上述两项均满足才能生成销售单；第二，对于不在主文档中的客户或者超过信用额度的客户订购单，需要经过适当授权批准，才可生成销售单。
发运商品	可能在没有批准发货的情况下发出了商品。	已记录的营业收入、应收账款等所对应的交易是否真实存在。	第一，当客户销售单在系统中获得发货批准时，系统自动生成连续编号的发运凭证；第二，保安人员只有在确认商品附有经批准的销售单和发运凭证后才能放行。
	发运商品与客户销售单可能不一致。	已记录的营业收入、应收账款等所对应的交易和事项有关的金额及其他数据未恰当记录，相关披露未得到恰当计量和描述。	第一，计算机把发运凭证中所有准备发出的商品与销售单上的商品种类和数量进行比对，打印种类或数量不符的例外报告，并暂缓发货；第二，管理层复核例外报告和暂缓发货的清单，并解决问题。

续表

可能发生错误的环节		对应的风险	对应的控制措施
发运商品	已发出商品可能与发运凭证上的商品种类和数量不符	已记录的营业收入、应收账款等所对应的交易和事项有关的金额及其他数据未恰当记录，相关披露未得到恰当计量和描述	商品打包发运前，装运部门对商品和发运凭证内容进行独立核对，并在发运凭证上签字以示商品已与发运凭证核对且种类和数量相符，客户要在发运凭证上签字作为收到商品且商品与订购单一致的证据
	已销售商品可能未实际发运给客户	已记录的营业收入、应收账款等所对应的交易和事项是否真实存在	客户要在发运凭证上签字作为收到商品且商品与订购单一致的证据
开具发票	商品发运可能未开具销售发票或已开出发票但没有发运凭证的支持	已记录的营业收入并未发生，或这些交易和事项与被审计单位无关，已记录的应收账款等所对应的交易是否真实存在	第一，发货以后系统根据发运凭证及相关信息自动生成连续编号的销售发票，系统自动复核连续编号的发票和发运凭证的对应关系，并定期生成例外报告；第二，复核例外报告并调查原因
	由于定价或产品摘要不正确，以及销售单或发运凭证或销售发票代码输入错误，可能导致销售价格不正确	已记录的营业收入、应收账款等所对应的交易和事项有关的金额及其他数据未恰当记录，相关披露未得到恰当计量和描述	第一，通过逻辑登录限制控制定价主文档的更改，只有得到授权的员工才能进行更改，系统通过使用和检查主文档版本序号，确定正确的定价主文档版本已经被上传，系统检查录入的产品代码的合理性；第二，核对经授权的有效的价格更改清单与计算机获得的价格更改清单是否一致，若发票由手工填写或没有定价主文档，则有必要对发票的价格进行独立核对

续表

	可能发生错误的环节	对应的风险	对应的控制措施
开具发票	发票上的金额可能出现计算错误	已记录的营业收入、应收账款等所对应的交易和事项有关的金额及其他数据未恰当记录，相关披露未得到恰当计量和描述	第一，每张发票的单价、计算、商品代码、商品摘要和客户账户代码均由计算机程序控制，如果由计算机控制的发票开具程序的更改是受监控的，在操作控制帮助下，可以确保使用的是正确的发票生成程序版本，系统代码有密码保护，只有经授权的员工才可以更改，定期打印所有系统上作出的更改；第二，上述程序的所有更改由上级复核和审批，如果由手工开具发票，独立复核发票上计算的增值税和总额的正确性
记录赊销	销售发票入账的会计期间可能不正确	交易和事项未记录于正确的会计期间	第一，系统根据销售发票的信息自动汇总生成当期销售入账记录；第二，定期执行人工销售截止检查程序，向客户发送月末对账单，调查并解决客户质询的差异
记录赊销	销售发票入账金额可能不准确	已记录的营业收入、应收账款等所对应的交易和事项有关的金额及其他数据未恰当记录，相关披露未得到恰当计量和描述	第一，系统根据销售发票的信息自动汇总生成当期销售入账记录；第二，复核明细账与总账之间的调节，向客户发送月末对账单，调查并解决客户质询的差异
记录赊销	销售发票可能被记入不正确的应收账款明细账户	已记录的应收账款并非恰当的金额，与之相关的计价或分摊调整未恰当记录，相关披露未得到恰当计量和描述	第一，系统将客户代码、商品发送地址、发运凭证、发票与应收账款主文档中的相关信息进行比对；第二，应收账款客户主文档中明细账的汇总金额应与应收账款总分类账核对。对于二者之间的调节项需要调查原因并解决，向客户发送月末对账单，调查并解决客户质询的差异

续表

	可能发生错误的环节	对应的风险	对应的控制措施
记录应收账款的收款	应收账款记录的收款与银行存款可能不一致	已记录的应收账款并非恰当的金额，与之相关的计价或分摊调整未恰当记录，相关披露未得到恰当计量和描述	第一，在每日编制电子版存款清单时，系统自动贷记应收账款。第二，将每日收款汇总表、电子版收款清单和银行存款清单相比较，定期取得银行对账单，独立编制银行存款余额调节表；向客户发送月末对账单，对客户质询的差异应予以调查并解决
	收款可能被记入不正确的应收账款账户	已记录的应收账款并非恰当的金额，与之相关的计价或分摊调整未恰当记录，相关披露未得到恰当计量和描述	第一，电子版的收款清单与应收账款明细账之间建立连接界面，根据对应的客户名称、代码、发票号等将收到的款项对应到相应的客户账户。对于无法对应的款项生成例外事项报告，系统定期生成按客户细分的应收账款账龄分析表。第二，将生成的例外事项报告的项目进行手工核对，或调查产生的原因并解决；向客户发送月末对账单，对客户质询的差异应予以调查并解决；管理层每月复核按客户细分的应收账款账龄分析表，并调查长期余额或其他异常余额
坏账准备计提及坏账核销	坏账准备的计提可能不充分	已记录的应收账款并非恰当的金额，与之相关的计价或分摊调整未恰当记录，相关披露未得到恰当计量和描述	第一，系统自动生成应收账款账龄分析表；第二，管理层对财务人员基于账龄分析表，采用预期信用损失模型计算编制的坏账准备计提表进行复核。复核无误后需在坏账准备计提表上签字；管理层复核坏账核销的依据，并进行审批

续表

可能发生错误的环节		对应的风险	对应的控制措施
记录现金销售	登记入账的现金收入与企业已经实际收到的现金不符	已记录的营业收入、应收账款等所对应的交易和事项有关的金额及其他数据未恰当记录，相关披露未得到恰当计量和描述	第一，现金销售通过统一的收款台用收银机集中收款，并自动打印销售小票。第二，销售小票应交予客户确认金额一致；通过监视器监督收款台；每个收款台都打印每日现金销售汇总表；盘点每个收款台收到的现金，并与相关销售汇总表调节相符；独立检查所有收到的现金已存入银行；将每日现金销售汇总表与银行存款单相比较；定期取得银行对账单，独立编制银行存款余额调节表

（二）采购付款内控循环

1. 内部控制指引要点

《企业内部控制应用指引第 7 号——采购业务》对公司合理采购[①]，规范采购行为，防范采购风险的采购付款内部控制进行了规范和要求。

企业采购付款过程中存在的重要风险主要包括：

（1）采购计划安排不合理，市场变化趋势预测不准确，造成库存短缺或积压，导致企业生产停滞或资源浪费；

（2）供应商选择不当，采购方式不合理，招投标或定价机制不科学，授权审批不规范，致使采购物资质次价高，出现舞弊或遭受欺诈；

（3）采购验收不规范，付款审核不严，造成采购物资、资金损失或信用受损。采购业务应用指引就此提出了相应的管控措施，要求企业加强请购、审批、购买、验收、付款、采购后评估等环节的风险管控，确保物资采购满足企业生产经营需要；

（4）要求企业的采购业务尽量集中，避免多头采购或分散采购，以提高采购业务效率，降低采购成本，堵塞管理漏洞；

---

① 采购是指购买物资（或接受劳务）及支付款项等相关活动。

（5）要求企业建立采购申请制度，依据购买物资或接受劳务的类型，确定归口管理部门，明确相关部门或人员的职责权限及相应的请购和审批程序；

（6）要求企业建立科学的供应商评估和准入制度，根据市场情况和采购计划合理选择采购方式，建立科学的采购物资定价机制，并根据确定的供应商、采购方式、采购价格等情况签订采购合同，明确双方权利、义务和违约责任；

（7）要求企业建立严格的采购验收制度，确定检验方式，由专门的验收机构或验收人员进行验收；对于验收过程中发现的异常情况，应当查明原因并及时处理；

（8）要求企业加强采购付款的管理，明确付款审核人的责任和权利，严格审核采购预算、合同、相关单据凭证、审批程序等内容，审核无误后按照合同规定及时办理付款；

（9）要求企业建立退货管理制度，对退货条件、退货手续、货物出库、退货货款回收等作出明确规定，并在采购合同中明确退货事宜，及时收回退货货款。

2. 采购付款循环流程

公司采购付款循环的一般流程如图3-9所示。

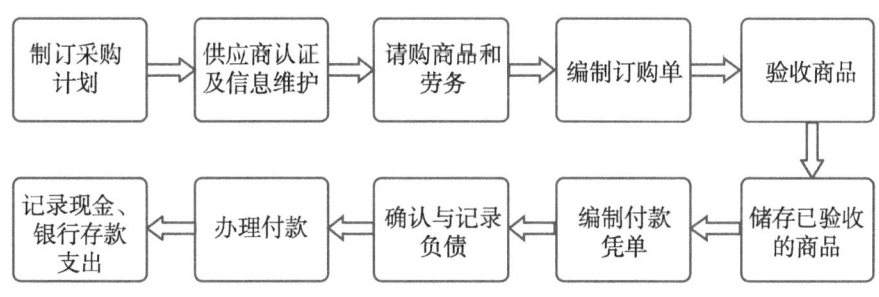

图3-9　公司采购付款循环的一般流程

3. 流程风险及内控措施

采购付款循环各环节的普遍风险点及对应的内控措施如表3-3所示，公司可以根据自身的实际情况制定相应的内部控制制度。

表 3-3 采购付款循环各环节的普遍风险点及对应的控制措施

可能发生错误的环节	对应的风险	对应的控制措施
采购计划未经适当审批	已记录的资产、负债和所有者权益是否真实存在	生产、仓储等部门根据生产计划制订需求计划，采购部门汇总需求，按采购类型制订采购计划，经复核人复核后执行
新增供应商或供应商信息变更未经恰当的认证	已记录的资产、负债和所有者权益是否真实存在	第一，采购订单上的供应商代码必须在系统供应商清单中存在匹配的代码，才能生效并发送供应商；第二，复核人复核并批准每一位供应商数据的变更请求，包括供应商地址或银行账户的变更以及新增供应商等。复核时，评估拟进行的供应商数据变更是否得到合适文件的支持，诸如由供应商提供的新地址或银行账户明细或经批准新供应商的授权表格。当复核完成且复核人提出的问题或要求的修改已经得到满意的解决后，复核人在系统中确认复核完成
录入系统的供应商数据可能未经恰当复核	已记录的资产、负债和所有者权益是否真实存在	第一，系统定期生成对供应商信息所有新增变更的报告（包括新增供应商、更改银行账户等）；第二，复核人员定期复核系统生成报告中的项目是否均经恰当授权，当复核工作完成或要求的修改得到满意解决后签字确认复核工作完成
采购订单与有效的请购单不符	已记录的资产、负债和所有者权益是否真实存在；已记录的应付账款并非恰当的金额，与之相关的计价或分摊调整未恰当记录，相关披露未得到恰当计量和描述	复核人复核并批准每一个采购订单，包括复核采购订单是否经适当权限人员签署的请购单支持。复核人也确认采购订单的价格与供应商协商一致且该供应商已通过审批。当复核完成且复核人提出的问题或要求的修改已经得到满意的解决后，签署确认复核完成
订单未被录入系统或在系统中重复录入	已记录的资产、负债和所有者权益是否真实存在；应当记录的资产、负债和所有者权益未记录，应当包括在财务报表中的相关披露未包括在内	第一，系统每月末生成列明跳码或重码的采购订单的例外报告；第二，复核人定期复核列明跳码或重码的采购订单编号的例外报告，以确定是否有遗漏、重复的记录。该复核确定所有采购订单是否都输入系统，且仅输入了一次

续表

可能发生错误的环节	对应的风险	对应的控制措施
接收了缺乏有效采购订单或未经验收的商品	已记录的资产、负债和所有者权益是否真实存在;应当记录的资产、负债和所有者权益未记录,应当包括在财务报表中的相关披露未包括在内	第一,入库确认后,系统生成连续编号的入库单;第二,收货人员只有完成以下程序后,才能在系统中确认商品入库: ①检查是否存在有效的采购订单; ②检查是否存在有效的验收单; ③检查收到的货物的数量是否与发货单一致
临近会计期末的采购未被记录在正确的会计期间	已记录的资产、负债和所有者权益是否真实存在;应当记录的资产、负债和所有者权益未记录,应当包括在财务报表中的相关披露未包括在内	第一,系统每月末生成包含所有已收货但相关发票未录入系统货物信息的例外报告;第二,复核人复核该例外报告中的项目,确定采购是否被记录在正确的期间以及负债计提是否有效。当复核完成且复核人提出的问题或要求的修改已经得到满意的解决后,签署确认复核已经完成
发票未被正确编码,导致在成本或费用之间的错误分类	已记录的资产、负债和所有者权益并非恰当的金额,与之相关的计价或分摊调整未恰当记录,相关披露未得到恰当计量和描述;已记录的资产、负债和所有者权益是否真实存在;应当记录的资产、负债和所有者权益未记录,应当包括在财务报表中的相关披露未包括在内	第一,系统自动将相关的发票归集入对应的总分类账费用科目;第二,每张发票开具前均经复核人复核并批准,复核人评估正确的总分类账代码是否被应用到该项目;第三,定期编制所选定关键绩效指标(如分成本中心/部门的费用、费用占收入的比例等)与管理层预期(包括以前期间或预算等信息)相比较的报告,复核人识别关键绩效指标与预期之间差异的相关问题(如波动、例外或异常调整),并与相关人员跟进。所有问题会被合理应对,复核人通过签署关键绩效指标报告证明完成复核
批准付款的发票上存在价格/数量错误或劳务尚未提供的情形	已记录的资产、负债和所有者权益并非恰当的金额,与之相关的计价或分摊调整未恰当记录,相关披露未得到恰当计量和描述;应当记录的资产、负债和所有者权益未记录,应当包括在财务报表中的相关披露未包括在内	第一,当入库单录入系统后,系统将其与采购订单进行核对。当发票录入系统后,系统将其详细信息与采购订单及入库单进行核对。如信息相符或差异不超过可接受差异,系统将自动批准发票可以付款。如信息不符,发票将被列示于例外报告中,由人工跟进。第二,负责应付账款且无职责冲突的人员负责跟进例外报告中的所有项目,仅当不符信息从例外报告中消除后发票才可以付款

续表

可能发生错误的环节	对应的风险	对应的控制措施
现金支付未记录、未记录在正确的供应商账户（串户）或记录金额不正确	已记录的资产、负债和所有者权益并非恰当的金额，与之相关的计价或分摊调整未恰当记录，相关披露未得到恰当计量和描述；已记录的资产、负债和所有者权益是否真实存在；应当记录的资产、负债和所有者权益未记录，应当包括在财务报表中的相关披露未包括在内	第一，独立于负责现金交易处理的会计人员每月末编制银行存款余额调节表。所有重大差异由调节表编制人员跟进，并根据具体情形进行跟进处理。经授权的管理人员复核所编制的银行余额调节表，当复核工作完成或复核人提出的问题或要求的修改已得到满意的解决后，签署确认复核工作已完成。第二，应付账款会计人员将供应商提供的对账单与应付账款明细表进行核对，并对差异进行跟进处理。复核人定期复核供应商对账结果，该对账通过从应付账款明细账中抽取的一定数量的应付供应商余额与供应商提供的对账单进行核对。当复核工作完成或复核人提出的问题或要求的修改已得到满意的解决后，签署确认复核工作已完成
员工具有不适当的访问权限，使其能够实施违规交易或隐瞒错误	已记录的资产、负债和所有者权益并非恰当的金额，与之相关的计价或分摊调整未恰当记录，相关披露未得到恰当计量和描述；已记录的资产、负债和所有者权益是否真实存在；应当记录的资产、负债和所有者权益未记录，应当包括在财务报表中的相关披露未包括在内	第一，采购系统根据管理层的授权进行权限设置，以支持采购职能所要求的上述职责分离；第二，管理层分离以下活动： ①供应商主要信息维护； ②请购授权； ③输入采购订单； ④开具供应商发票； ⑤按照订单收取货物； ⑥存货盘点调整等
总账与明细账中的记录不一致	已记录的资产、负债和所有者权益并非恰当的金额，与之相关的计价或分摊调整未恰当记录，相关披露未得到恰当计量和描述；应当记录的资产、负债和所有者权益未记录，应当包括在财务报表中的相关披露未包括在内	第一，应付账款/费用明细账的总余额与总账账户间的调节表会在每个期间末及时执行；第二，任何差异会被调查，如恰当，将进行调整；复核人会复核调节表及相关支持文档，任何差异及（或）调整会被批准

(三）生产成本内控循环

1. 内部控制指引要点

《企业内部控制应用指引第 8 号——资产管理》对公司加强资产管理，保证资产安全完整的生产成本内部控制进行了规范和要求。

企业存货管理实务中，存在的问题主要包括：存货积压或短缺，造成流动资金占用过量、存货价值贬损或生产中断。为防范和化解资产管理中存在的这些重要风险，资产管理应用指引有针对性地提出了如下应对措施：

（1）要求企业采用先进的存货管理技术和方法，规范存货管理流程，明确存货取得、验收入库、原料加工、仓储保管、领用发出、盘点处置等环节的管理要求，充分利用信息系统，强化会计、出入库等相关记录，确保存货管理全过程的风险得到有效控制。

（2）要求企业根据各种存货采购间隔期和当前库存，综合考虑企业生产经营计划、市场供求等因素，合理确定存货采购日期和数量，确保存货处于最佳库存状态。

2. 生产成本循环流程

公司生产成本循环的一般流程如图 3-10 所示。

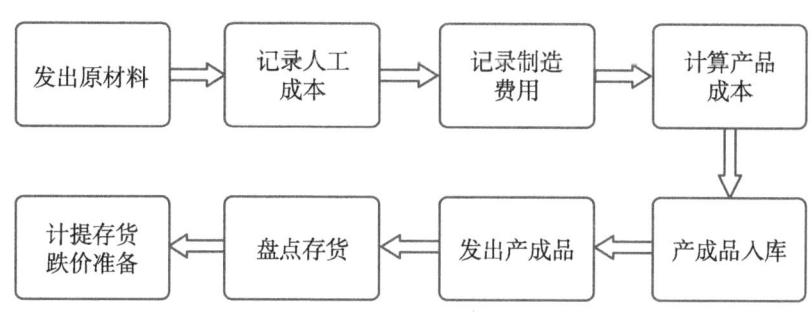

图 3-10　公司生产成本循环的一般流程

3. 流程风险及内控措施

生产成本循环各环节的普遍风险点及对应的控制措施如表 3-4 所示，公司可以根据自身的实际情况制定相应的内部控制制度。

表 3-4　生产成本循环各环节的普遍风险点及对应的控制措施

	可能发生错误的环节	对应的风险	对应的控制措施
发出原材料	原材料的发出可能未经授权	记录的存货（生产成本）是否存在	所有领料单由生产主管签字批准，仓库管理员凭经批准的领料单发出原材料
	发出的原材料可能未正确记入相应产品的生产成本中	存货（生产成本）未以恰当的金额包括在财务报表中，与之相关的计价或分摊调整未恰当记录，相关披露未得到恰当计量和描述	第一，领料单信息输入系统时须输入对应的生产任务单编号和所生产的产品代码，每月末系统自动归集生成材料成本明细表；第二，生产主管每月末将其生产任务单及相关领料单存根联与材料成本明细表进行核对，调查差异并处理
记录人工成本	生产工人的人工成本可能未得到准确反映	记录的存货（生产成本）是否存在	第一，所有员工有专属员工代码和部门代码，员工的考勤记录记入相应的员工代码；第二，人事部每月编制工薪费用分配表，按员工所属部门将工薪费用分配至生产成本、制造费用、管理费用和销售费用，经财务经理复核后入账
记录制造费用	发生的制造费用可能没有得到完整归集	应当记录的存货（制造费用）未记录，应当包括在财务报表中的相关披露未包括在内	第一，系统根据输入的成本和费用代码自动识别制造费用并进行归集；第二，成本会计每月复核系统生成的制造费用明细表并调查异常波动，必要时由财务经理批准进行调整
计算产品成本	生产成本和制造费用在不同产品之间、在产品和产成品之间的分配可能不正确	与交易和事项有关的金额及其他数据未恰当记录，相关披露未得到恰当计量和描述	成本会计执行产品成本核算、日常成本核算，财务经理每月末审核产品成本计算表及相关资料（原材料成本核算表、工薪费用分配表、制造费用分配表等），并调查异常项目

续表

可能发生错误的环节		对应的风险	对应的控制措施
产成品入库	已完工产品的生产成本可能没有转移到产成品中	与交易和事项有关的金额及其他数据未恰当记录，相关披露未得到恰当计量和描述	第一，系统根据当月输入的产成品入库单和出库单信息自动生成产成品收（入库）发（出库）存（余额）报表；第二，成本会计将产成品收发存报表中的产品入库数量与当月成本计算表中结转的产成品成本对应的数量进行核对
发出产成品	销售发出的产成品的成本可能没有准确转入营业成本	与交易和事项有关的金额及其他数据未恰当记录，相关披露未得到恰当计量和描述	第一，系统根据确认的营业收入所对应的售出产品自动结转营业成本；第二，财务经理和总经理每月对毛利率进行比较分析，对异常波动进行调查和处理
盘点存货	存货可能被盗或因材料领用/产品销售未入账而出现账实不符	记录的存货是否真实存在	仓库保管员每月末盘点存货并与仓库台账核对并调节一致；成本会计监督其盘点与核对，并抽查部分存货进行复盘；每年末盘点所有存货，并根据盘点结果分析盘盈盘亏并进行账面调整
计提存货跌价准备	可能存在残次冷背的存货，影响存货的价值	与交易和事项有关的金额及其他数据未恰当记录，相关披露未得到恰当计量和描述	第一，系统根据存货入库日期自动统计货龄，每月末生成存货货龄分析表；第二，财务部根据系统生成的存货货龄分析表，结合生产和仓储部门上报的存货损毁情况及存货盘点中对存货状况的检查结果，计提存货减值准备，报总经理审核批准后入账

（四）货币资金内控循环

1. 内部控制指引要点

《企业内部控制应用指引第 6 号——资金活动》对公司资金循环的内

部控制进行了规范和要求。

资金是企业生产经营循环的血液,是企业生存和发展的基础,决定着企业的竞争能力和可持续发展能力。企业资金活动[①]中可能存在的风险无一不是重要风险,一旦转变为现实,危害重大。

企业资金活动面临的重要风险包括以下几个方面:

(1) 筹资决策不当,引发资本结构不合理或无效融资,可能导致企业筹资成本过高或债务危机;

(2) 企业投资决策失误,引发盲目扩张或丧失发展机遇,可能导致资金链断裂或资金使用效益低下;

(3) 资金调度不合理、营运不畅,可能导致企业陷入财务困境或资金冗余,资金活动管控不严,可能导致资金被挪用、侵占、抽逃或遭受欺诈。

针对上述风险,资金活动应用指引分别对筹资、投资和资金营运活动提出下列管控措施:

(1) 要求企业根据筹资目标和规划,结合年度全面预算,拟订筹资方案,并对筹资方案进行科学论证;重大筹资方案还应当形成可行性研究报告,全面反映风险评估情况。

(2) 要求企业对筹资方案进行严格审批后,按照规定权限和程序筹集资金。同时,严格按照筹资方案确定的用途使用资金,防止资金挪用;确需改变资金用途的,应当履行相应的审批程序。

(3) 要求企业加强债务偿还和股利支付环节的管理,对偿还本息和支付股利等作出适当安排,防止发生违约风险,导致诉讼损失。

(4) 要求企业根据投资目标和规划,合理安排资金投放结构,科学确定投资项目,拟订投资方案,重点关注投资项目的收益和风险;选择投资项目应当突出主业,谨慎从事衍生金融产品等高风险投资。

---

① 资金活动是指企业筹资、投资和资金营运等活动的总称。

（5）对于采用并购方式进行投资的企业，要求其严格控制并购风险，重点关注并购对象的隐性债务、承诺事项、可持续发展能力、员工状况及其与本企业治理层及管理层的关联关系，合理确定支付对价，确保实现并购目标。

（6）要求企业加强对投资方案的可行性研究，并按照规定的权限和程序对投资项目进行决策审批；审批后，与被投资方签订投资合同或协议，明确出资时间、金额、方式、双方权利义务和违约责任等内容。

（7）要求企业加强投资收回和处置环节的控制；对于到期无法收回的投资，应当建立责任追究制度。

（8）要求企业加强资金营运全过程的管理，统筹协调内部各机构在生产经营过程中的资金需求，切实做好资金在采购、生产、销售等环节的综合平衡，实现资金营运的良性循环，提升资金营运效率。

2.货币资金循环流程

公司货币资金循环的一般流程如图3-11所示。

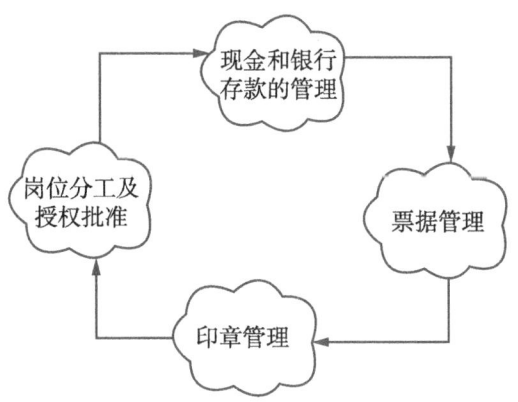

图3-11　公司货币资金循环的一般流程

3.流程风险及内控措施

货币资金循环各环节的普遍风险点及对应的控制措施如表3-5所示，公司可以根据自身的实际情况制定相应的内部控制制度。

表 3-5 货币资金循环各环节的普遍风险点及对应的控制措施

	可能发生错误的环节	对应的风险	对应的控制措施
不相容职务分离控制	由一人办理货币资金业务全过程	坐支现金；白条抵库；公款私存；资金体外循环；侵占、挪用公款等	第一，货币资金收付及保管只能由经过授权的出纳人员负责办理；第二，现金总账不得由出纳人员登记，必须由其他会计人员登记；第三，负责应收款项账目的人员不能同时负责现金收入及支出账目的工作；第四，保管支票簿的人员不能同时负责现金支出账目和银行存款账目的调节；第五，负责银行存款账目调节的人员与负责银行存款账目、现金账目、应收款项账目及应付款项账目的人员应当相互分离；第六，货币资金支出的审批人员与出纳人员、支票保管人员和银行存款账目、现金账目的记录人员应当相互分离；第七，支票保管职务与支票印章保管职务应相互分离
授权批准控制	审批人未根据货币资金授权批准制度的规定，在授权范围内进行审批	超范围收支现金；侵占、挪用公款等	办理货币资金业务，至少必须经过下列程序：第一，支付申请。单位有关部门或个人用款时，应向审批人提交货币资金支付申请，注明款项的用途、金额、预算、支付方式等内容，并附有效合同或相关证明。第二，支付审批。审批人根据其职责、权限和相应程序对支付申请进行审批。对重要货币资金支付业务，应当实行集体决策和审批，并建立责任追究制度。对不符合规定的货币资金支付申请，审批人应当拒绝批准。第三，支付复核。复核人应对批准后的货币资金支付申请进行复核，复核货币资金支付申请的批准范围、权限、程序是否正确，手续及相关单证是否齐备，金额计算是否正确等。第四，办理支付。出纳人员应根据复核无误的支付申请，按规定办理货币资金支付手续，及时登记现金和银行存款日记账

可能发生错误的环节	对应的风险	对应的控制措施
会计系统控制 原始凭证审核、记账凭证审核、会计账簿审核出错	坐支现金；白条抵库；公款私存；资金体外循环；套取银行信用；侵占、挪用公款等	第一，原始凭证审核。应审核发票、收据等原始凭证是否符合国家票证管理要求，有无监制章、单位财务专用章或发票专用章；数量、单价、金额是否正确；大小写金额是否相符；经办人、验收人、批准人手续是否齐全。第二，记账凭证审核。应审核记账凭证金额是否正确，与原始凭证金额是否相符；会计科目使用是否正确，填制内容是否完整，签章是否齐全。第三，会计账簿审核。现金日记账是否每日记账并结出余额，与总账余额是否相符；账实是否相符，现金库存数是否超出库存限额。银行存款日记账与总账余额是否相符；银行存款日记账是否定期与银行对账单核对相符；银行存款调节表是否由专人复核

（五）现金交易

1.定义

在现金交易[①]中，商品的价值运动、所有权转让与商品实体运动是同时完成的，这种商流与物流合一的运动方式是现金交易的本质特征。在商品买卖活动中，在商品所有权转移的同时，当即付清货款的交易形式，其交易流程特点是"一手交钱，一手交货"。

2.IPO 审核关注要点

（1）现金交易情形符合行业经营特点或经营模式（如线下商业零售、向农户采购、日常零散产品销售或采购支出等）；

（2）现金交易的客户或供应商不是关联方；

（3）现金交易具有可验证性，且不影响发行人内部控制的有效性；

（4）现金交易比例及其变动情况整体处于合理范围内，近 3 年一期一

---

① 现金交易是指以直接支付现金为媒介的商品交易。

般不超过同行业平均水平或与类似公司不存在重大差异；

（5）现金管理制度与业务模式匹配且执行有效，如企业与个人消费者发生的商业零售、门票服务等现金收入通常能够在当日或次日缴存公司开户银行，企业与单位机构发生的现金交易仅限于必要的零星小额收支，现金收支业务应账账一致、账款一致。

案例3-17　农业企业现金交易占比过大被否

（1）云南神农农业产业集团股份有限公司IPO发审会询问问题：报告期内，发行人现金销售额占营业收入的比重逐年上升，2016年占当年销售金额的25.43%，2017年1—6月占比为28.16%，发行人交易过程中免税环节较多。请发行人代表说明：①现金交易的真实性、必要性以及逐年上升的原因，现金交易的流程及相关内部控制措施，未来拟降低现金交易的相关措施；②发行人实际控制人及其关联方，与发行人董监高及其控制的企业或其他利益相关方、主要客户、供应商之间是否存在资金往来，是否存在资金体外循环以及第三方向发行人输送利益的情形。

（2）河南金丹乳酸科技股份有限公司IPO发审会询问问题：报告期内，发行人存在向农户个人或经纪人现金采购原材料玉米的情况，且在2015年5月之前主要通过公司出纳人员个人账户网银转账或取现支付。请发行人代表说明：①采用出纳人员账户或现金支付的原因及合理性；②采购玉米涉及主要农户或经纪人协议签订、定价原则、结算（开票）方式、变动情况、原因及合理性；③发行人现金交易内部控制制度是否健全且有效执行，与现金核算相关的材料采购和成本核算是否准确、完整。

农业企业由于业务模式的特殊性，很难避免现金收款问题。该类企业可以通过各种途径降低现金收款的比例，同时严格规范现金结算的具体节点、流程、负责人员等内控措施。

案例 3-18　因现金交易引发对财务真实性的怀疑而被否

仲景大厨房股份有限公司 IPO 发审会询问问题：招股说明书披露，报告期发行人存在向个人采购、现金支付以及销售回款经过个人账户的情形。发行人的基本账户中国工商银行西峡县支行账户与发行人员工孙晨的个人账户之间的收款频繁且金额较大，除此之外，报告期还有部分其他业务人员代收销售款的情况发生。请发行人代表说明：①报告期发行人向个人供应商采购农产品的金额较大，如何保证采购付款环节相关内部控制制度健全且有效运行；②孙晨及其他业务人员账户收款认定为发行人销售收款的真实性，是否存在调节企业收入的情况，发行人与销售收款循环相关内控制度是否健全并有效运行，以个人账户收款是否符合相关法律法规的规定。

个人采购和现金支付问题密不可分，实践中若要规范此类问题，可将采购对象调整为农村合作社和经销商，即从个人调整为集体或法人，如此在银行转账和合同签订都有据可查。而本案例另一问题是孙晨系发行人员工和股东，无合理商业逻辑的频繁资金往来和代收销售款项行为，疑似存在不当利益输送，业绩真实性存疑。

（六）第三方回款[①]的审核关注要点

1. 第三方回款的真实性、合理性、必要性分析

（1）是否与自身经营模式相关，是否符合行业经营特点，具有必要性和合理性，如境外客户指定付款等；

（2）第三方回款的付款方不是发行人的关联方；

（3）第三方回款与相关销售收入钩稽一致，具有可验证性；

（4）能够合理区分不同类别的第三方回款，相关金额及比例处于合理可控范围内，最近一期通常不高于当期收入的 15%。

2. 可不纳入第三方回款统计的情形

（1）客户为个体工商户或自然人，其通过家庭约定由直系亲属代为支付货款；

[①] 第三方回款通常是指发行人收到的销售回款的支付方（如银行汇款的汇款方、银行承兑汇票或商业承兑汇票的出票方或背书转让方）与签订经济合同的往来客户不一致的情况。

（2）客户为自然人控制的企业，该企业的法定代表人、实际控制人代为支付货款；

（3）客户所属集团通过集团财务公司或指定相关公司代客户统一对外付款；

（4）政府采购项目指定财政部门或专门部门统一付款；

（5）通过应收账款保理、供应链物流等合规方式或渠道完成付款。

案例3-19　通过第三方回款收取销售款项被否

（1）厦门新立基股份有限公司报告期内存在客户委托第三方回款的情形，各期金额占比分别为16.84%、20.93%、25.16%和31.01%，占比逐年提高。发审委要求发行人代表说明：①报告期内客户委托第三方回款占比逐年上升的原因；②客户委托第三方回款是否具有真实交易背景，是否存在资金体外循环情形，是否制定了相应的内部控制制度；③是否存在潜在纠纷，是否违反相关法律法规的规定。

（2）重庆百亚卫生用品股份有限公司IPO发审会询问问题：报告期内，发行人第三方回款金额较高，占销售回款比例较大。请发行人代表说明：①对第三方回款的管理情况及相关内控措施，经销商等第三方是否严格执行了发行人的管理要求；②报告期内是否存在因第三方回款安排而产生争议或潜在争议的情形。

（3）浙江三锋实业股份有限公司2016年主营业务收入较2015年增长15789.36万元，主要系出口至俄罗斯、乌克兰等国家产品的收入增长所致。报告期内发行人第三方回款金额分别为5588.10万元、4508.12万元和9935.96万元，第三方回款客户主要来自俄罗斯、乌克兰。发审会要求发行人说明：接受第三方付款的合理性。请保荐代表人说明对下述事项的核查过程及结论，并说明相关事项是否充分披露：①上述第三方回款客户的基本情况及实际控制人；②俄罗斯、乌克兰等客户的需求及与发行人的合作是否可持续。

第三方回款打破了销售收入实现的协议、物流以及资金流的闭环，容易产生对公司财务数据真实性和财务内控的怀疑。发行人在报告期内应尽量降低第三方付款的比例，同时做好相应的财务内控工作。

案例3-20　某企业境外销售的第三方回款逐年上升成功过会

永冠众诚新材料主要进行的是境外销售，报告期内第三方回款存在增长趋势。发审会提出的主要问询意见为：第三方回款占当期营业收入的比例分别为9.35%、13.52%、12.97%及4.45%。请发行人代表说明：①2015—2017年第三方回款占比较高，以及2018年1—9月大幅降低的原因及合理性，是否符合国家外汇管理制度；②第三方回款是否出现过坏账，是否在合同中明确约定；③发行人核对第三方回款对应外销收入真实性所建立的内控制度及执行情况；④减少第三方回款规模措施的真实性及合法性。请保荐代表人说明核查依据、核查过程并发表明确的核查意见。

第三方回款最终的核查目标是销售的真实性和财务数据的真实性，本案例发行人的保荐机构通过以下核查手段在反馈中详细阐述和披露了第三方回款的合理性，最终成功过会，值得借鉴：

①取得客户委托付款协议，覆盖金额占比分别为83.21%、83.51%及75.60%。②取得涉及第三方付款的客户函证，函证覆盖率分别为79.72%、81.03%及79.59%。③核查第三方付款客户的潜在利益输送、关联关系。④验证发行人对第三方付款的内部控制制度设计和执行的有效性。⑤其他验证销售收入真实性的核查，包括：实地访谈、电话及邮件访谈、实地走访客户销售渠道、客户背景核查、海关数据、外销收入与出口免抵退税申报表进行对比、外销收入与销售订单进行对比、外销收入与运输费进行对比。

（七）其他财务内控问题

1. 定义

常见的财务内控问题包括：

（1）"转贷"行为：为满足贷款银行受托支付要求，在无真实业务支持的情况下，通过供应商等取得银行贷款或为客户提供银行贷款资金走账通道；

（2）票据融资：为获得银行融资，向关联方或供应商开具无真实交易背景的商业票据，进行票据贴现后获得银行融资；

（3）资金拆借：与关联方或第三方直接进行资金拆借和资金往来；

（4）其他情形：利用个人账户对外收付款项；出借公司账户为他人收付款项。

2.IPO 审核关注要点

（1）在辅导期内完成整改或纠正（如收回资金、结束不当行为等措施），建立相关内控制度；

（2）对报告期内存在的财务内控不规范情形，中介机构应根据有关情形发生的原因及性质、时间及频率、金额及比例等因素，综合判断是否构成对内控制度有效性的重大不利影响，是否属于主观故意或恶意行为并构成重大违法违规；

（3）首次申报审计截止日后，发行人原则上不能再出现上述内控不规范和不能有效执行的情形。

案例 3-21　无真实贸易背景的贷款是关注重点

（1）2017 年 11 月，无锡普天铁心股份有限公司（以下简称普天铁心）首发申请被否。在被否原因中，发审委提道："普天铁心报告期内多次大额资金通过往来单位获取银行贷款、为客户获取银行贷款、开具无真实交易背景的银行承兑汇票，累计通过往来单位取得银行贷款总额 1.84 亿元，向供应商转让票据融资总额 2241.94 万元。"发审委质疑该行为存在利益输送、违法违规、影响销售真实性及收入确认准确性且内控制度不健全无法有效执行。

（2）中饮巴比食品股份有限公司（以下简称中饮股份）公布关于首次公开发行股票申请文件反馈意见。证监会要求中饮股份进一步说明在报告期内是否存在以下情形：①为满足贷款银行受托支付要求，在无真实业务支持的情况下，通过供应商等取得银行贷款或为客户提供银行贷款资金走账通道（简称"转贷"行为）；②向关联方或供应商开具无真实交易背景的商业票据，通过票据贴现后获取银行融资；③与关联方或第三方直接进行资金拆借；④通过关联方或第三方代收货款；⑤利用个人账户对外收付款项；⑥出借公司账户为他人收付款项等。若存在，说明整改的情况和效果。

无论是转贷行为还是票据融资，在没有真实贸易背景的情况下，都有可能触犯相应的法律法规，构成首发的实质性障碍。解决思路是在充分如实地披露发生背景、原因及合理性的基础上，排除法律风险、证明内控的有效性、列出整改措施等。

案例 3-22　与关联方进行大额频繁的资金拆借和往来

吉林科龙建筑节能科技股份有限公司发审会询问问题：根据申请文件，发行人报告期每年从实际控制人频繁无偿借入资金。报告期发行人向实际控制人张海文无偿借入资金和实际还款额分别为 2790.00 万元、4508.00 万元、4119.99 万元。请发行人代表：①说明招股书披露的每笔拆借资金的借出和归还是否有协议；②说明未计息且未做非经常性收益扣除的原因；③部分资金当日拆借当日还款，说明频繁拆借资金的原因、实际控制人资金的来源和发行人借入用途；④说明在频繁拆借资金的情况下，能够一一认定"拆借金额"与"实际还款额"存在对应关系的主要依据。

企业在发展过程中，与股东或者关联方之间的资金拆借现象十分普遍。对于拟上市公司来说，需要关注以下几点：一是是否履行了相关的决策程序，是否签署了借款协议。二是是否约定了利息，利息标准是否公允以及对发行人经营业绩的影响。三是发行人是否对资金拆借存在重大依赖。四是发行人对资金拆借问题的内部控制措施以及有效性，审计基准日之后是否还存在资金拆借的问题。

案例 3-23　利用个人账户收付款项

力同科技股份有限公司子公司力同香港除开立了对公账户外，在中国大陆以蔡金凤（蔡东志之妹）的名义开立的个人账户代力同香港收货款、代付货款，并代付费用，2014 年度代收货款 1.14 亿元，代支付成本 4989.15 亿元，2014 年、2015 年分别代支付费用 596.82 万元、178.79 万元。发审会询问问题：①补充披露是否存在其他使用个人账户代收代付的行为；②结合与之相关的外汇、贸易、税务的法律法规监管要求，披露使用个人账户代收代付的必要性、合法合规性，是否存在面临外汇、商务、税收等政府部门重大行政处罚的风险；③说明利用个人账户代为支付的业务是否存在真实的交易背景，说明相关交易的具体内容、主要交易方、交易金额，是否存在利用个人账户虚构交易的情况，相关交易合同、协议的签署方与付款方之间是否存在差异，发行人对上述交易入账是否具有充分的证据；④说明发行人关于资金收付的内部控制措施及其执行情况，为何未能有效防范相关不规范行为，内部控制的完善情况和执行情况，发行人的内部控制是否具有重大缺陷；⑤说明发行人是否符合首次公开发行股票并上市管理办法第17条、第20条、第23条的规定。

利用个人账户收付款项对公司上市工作的影响包括：其一，营业收入的真实性，相应的收入是否能够确认为公司的收入。其二，公司是否存在利用个人账户隐瞒收入、偷逃税款的情形。其三，公司资金安全是否存在重大风险，公司内控是否能得到有效保证。因此，在实践中个人卡收付款项一直是证监会审核关注的重点。除非存在行业特殊原因，企业在日常经营过程中应避免通过个人账户收付款的情况。

二、财务核算

（一）收入确认

1. 无须安装的产品

对于无须安装的产品，在商品签收验收后，取得验收单时确认收入，以验收单作为收入确认的依据。

出口销售商品，根据合同中约定的国际贸易术语确定收入确认的时点。如使用 FOB 与 CIF 贸易术语，则均应在装船后船舷离港时确认收入，具体操作中以取得发货单、报关单、提单等作为收入确认依据。

2. 需要安装的产品

对于需要安装的产品，在完成安装并取得客户验收单时确认收入，以验收单作为收入确认的依据。

3. 经销商模式

对于经销商模式，首先应根据合同约定，判断是属于买断式销售还是代销，如属于买断式销售，在商品签收验收后，取得验收单时确认收入，以验收单作为收入确认的依据；如属于代销，则应在获取经销商的代销清单后确认收入，以代销清单作为收入确认的依据。

4. 工程施工

工程施工业务一般工期跨度较长，采用完工百分比法确认收入。完工百分比法由于调节收入利润空间较大，故审核时要求较为严格。使用该收入确认方法时，对于公司内部控制核算制度的要求较高。完工百分比法的关键要素为预计成本的估计和完工进度的确认。

预计成本的估计要求公司有健全的项目成本估计机制。从立项、项目预算、审批、可行性报告等各个方面对项目成本进行较为准确的预估。同时，公司应建立项目成本滚动调整机制，每季度对各项目成本进行复核，对实际成本与估计成本差异较大的项目进行调整。

完工进度的确认需要内部和外部证据的支撑，如仅依靠内部成本核算确定完工进度较难获得审核人员的认可。公司可以获得第三方监理公司或者客户的工作量确认报告作为完工进度的外部证据，同时结合公司内部成本核算确定的完工进度，根据谨慎性原则，从低确认整个项目的完工进度。

此外，采用完工百分比法确认收入，其应收账款计提的充分性也会受到特别关注。

5. 软件企业

软件企业提供软件开发服务时，实践中选择完工百分比法或终验法确认收入。

采用完工百分比法时，由于软件开发过程中无法定期取得客户对于完工进度的验证，而是设定了几个里程碑作为成果交付的时点。如果采用连续完工百分比法，只能通过内部成本核算作为完工进度的计算依据，而此种方法很难获得审核员的认可。一般实务中，采用分阶段完工百分比法，即将几个重要事项的验收时点作为收入确认的时点。每个阶段以客户提供的确认文件作为收入确认的依据。具体各阶段的进度按照合同收款或者制定固定比例的经验进度。项目成本出于简单核算，在收入确认时点全部结转成本。

采用终验法时,取得客户最终的项目验收报告时确认收入,将验收报告作为收入确认的依据。

值得注意的是,根据目前科创板审核案例,航天宏图和中科星图在审核过程中将基于提供劳务的完工百分比法调整为终验法确认收入。

案例 3-24　存在三种不同的收入确认模式而被否

常州中英科技股份有限公司发审会询问问题:报告期内,发行人对不同客户收入确认时点分为三类,即耗用后对账确认、签收后对账确认、签收后确认。2014 年、2015 年、2016 年、2017 年 1-6 月,耗用后对账确认比例分别为 32.99%、40.30%、27.51% 和 10.61%,而签收后确认比例分别为 9.37%、10.37%、25.98% 和 38.32%。请发行人代表结合与客户合约约定的风险报酬转移条件,说明不同确认方法下确认收入占比发生较大变化的原因,其收入确认是否符合会计准则的要求。

企业在确定收入确认方法时,应当结合合同条款及行业惯例,符合会计准则的要求。一般企业的收入确认以谨慎为原则,且不宜在报告期内调整。

案例 3-25　因收入确认调整引发会计基础工作薄弱和内控缺失的质疑

2019 年 8 月,恒安嘉新(北京)科技股份公司首发申请被否。恒安嘉新于 2018 年 12 月 28 日、12 月 29 日先后签订当年签署验收报告的 4 项重大合同,金额 15859.76 万元,2018 年底均未回款,且未开具发票,公司将上述 4 项合同收入确认在 2018 年。2019 年,发行人以谨慎性为由,经董事会及股东大会审议通过,将上述 4 项合同收入确认时点进行调整,相应调减 2018 年主营收入 13682.84 万元,调减净利润 7827.17 万元,扣非后归母净利润由调整前的 8732.99 万元变为调整后的 905.82 万元,调减金额占扣非前归母净利润的 89.63%。证监会认为,发行人将该会计差错更正认定为特殊会计处理事项的理由不充分,不符合企业会计准则的要求,存在会计基础工作薄弱和内控缺失的情形。

案例3-26 电商企业的收入确认

御家汇主要从事面膜等护肤品的研发、生产和销售，公司主要通过互联网销售产品，与天猫、京东、唯品会、聚美优品等电商平台建立了良好的合作关系，属于典型的电商企业。发审会针对该企业的收入确认主要询问问题为：请发行人说明线上及线下自营、经销、代销的主要划分依据，收入确认条件及依据，销售结算模式与收入确认条件是否一致，是否与同行业可比公司存在显著差异。

公司通过线上和线下两种渠道对外销售，以线上销售为主。线上销售和线下销售的收入确认如下。

1. 线上销售：

线上销售的收入确认如表3-6所示。

表3-6 线上销售的收入确认

销售模式	代表性平台	收入确认时点	收入确认条件及依据
自营	天猫、淘宝、蘑菇街	公司发出商品、消费者收到货物或系统默认收货、公司收到货款（达到可提取状态）时确认收货	消费者已确认收到货或者退货期满，公司已收到货款，风险与报酬实现转移，收入与成本能够可靠计量
经销	京东	公司收到客户销售清单时确认收入	京东已实现产品对外销售，滞销退货或库存过剩风险灭失，风险与报酬转移，其退货期限和条款明确，收入成本能够可靠计量
经销	聚美优品	公司交付产品，对方签收后确认收入	公司交付产品后，实现风险与报酬转移，其退货期限和条款明确，收入成本能够可靠计量
代销	唯品会	公司收到客户提供的结算（代销）清单后确认收入	唯品会实现产品销售后，与公司按照代销清单结算，发行人收到代销清单后，风险与报酬转移，收入成本能够可靠计量

2. 线下销售：

（1）线下自营：通过线下直营店进行商品销售。

（2）经销模式：公司与线下经销商签署产品经销合同，约定经销区域及渠道，公司将商品交付经销商并收取货款、开具发票。

（3）代销模式：公司与线下代理商签署业务合同书、寄售协议等，公司委托其代销商品，双方按照商品代销清单进行结算。

（二）应收款项及坏账准备

1. 计提范围

根据 IPO 审核要求，应收款项的计提范围不仅包括第三方的应收款，关联方的应收款项也应当按照坏账计提政策计提坏账准备。

2. 计提比例

公司应当根据业务行业定位，确定公司的可比公司，根据同行业可比公司的坏账计提政策调整公司的坏账计提政策，与可比公司的坏账计提政策不应当存在巨大差异。

（三）非流动资产减值

1. 商誉[①]减值

根据企业会计准则的相关规定，企业应当于每年年末对商誉进行减值测试。公司通过未来现金流量折现的方法确定可回收金额。资产预计未来现金流量的现值应当按照资产在持续使用过程中和最终处置时所产生的预计未来现金流量，选择恰当的折现率对其进行折现后的金额加以确定。

2. 固定资产减值

资产存在减值迹象的，应当估计其可收回金额。根据《企业会计准则第 8 号——资产减值》，可收回金额应当根据资产的公允价值减去处置费用后的净额与资产预计未来现金流量的现值两者之间较高者确定。资产的公允价值减去处置费用后的净额与资产预计未来现金流量的现值，只要有一项超过了资产的账面价值，就表明资产没有发生减值，不需再估计另一项金额。

[①] 商誉是非同一控制下企业合并过程中形成的，所支付的对价与被并购标的资产公允价值之间的差额。

（四）研发投入

1. 研发投入资本化与费用化

根据企业会计准则的要求，公司应当将研究阶段的研发投入费用化，开发阶段的研发投入资本化。如果无法确认研究阶段与开发阶段，则研发投入全部费用化。

2. 研究阶段与开发阶段的划分

研究是指为获取并理解新的科学或技术知识而进行的独创性的有计划调查。

开发是指在进行商业性生产或使用前，将研究成果或其他知识应用于某项计划或设计，以生产出新的或具有实质性改进的材料、装置和产品等。

开发阶段是将研究阶段的结果进行开发以生产出新产品，或进行实质性技术的改进阶段。

3. 如何判断研发费用资本化

（1）参照同行业已上市企业惯例；

（2）研究阶段已形成研究成果（如样品、专利、商业秘密、软件源代码等），开发阶段能运用该研究成果形成能够产生经济利益的产品（如药企以拿到临床批件作为资本化的时点，暴风集团以形成软件基本版以后的研发费用进行资本化）；

（3）开发阶段应当是已完成研究阶段的工作，在很大程度上具备了形成一项新产品或新技术的基本条件。例如，生产前或使用前的原型和模型的设计、建造与测试，不具有商业性生产经济规模的试生产设施的设计、建造和运营等，均属于开发活动；

（4）如无明确案例，建议进行费用化处理。

4. IPO 审核关注要点

（1）完善研发流程的内部控制

公司应当明确研发费用内部控制制度，对研发项目进行全流程管控。在研发项目立项、可行性研究、项目进度、研发成本归集核算、人工工时核算、问题研讨会议、验收等环节建立完善的控制体系，并对相应的流程做好留痕及文件留档，作为研发费用核算及资本化的依据；

（2）明确标准，区分研发费用资本化时点，并与研发流程相对应，同时获得相应的内外部证据支持；

（3）参照其他已上市可比公司的研发费用资本化情况，评估公司是否遵循了正常研发活动的周期及行业惯例；

（4）如无明确的可比公司案例，建议进行费用化处理。

案例 3-27　研发费用资本化和费用化

科创板上市企业微芯生物在二轮问询时，其研发费用的会计处理问题受到重点关注。具体问题如下：

请发行人说明：①在"财务会计信息与管理层分析"中披露关键审计事项，根据《企业会计准则》的规定逐条分析发行人的研发支出资本化会计政策及在各产品中的具体应用是否符合准则要求、开发支出减值准备计提是否充分；②根据问询函回复，药监局"根据具体情况颁发II期临床或II/III期联合批件"，披露上述具体情况通常包括哪些考虑因素，相关药品取得II/III期联合批件是否意味着较分别取得II期临床及III期临床具有更高的成功率；③披露发行人取得II/III期联合批件后如何确定开展II期临床或者III期临床试验，与相关监管部门的沟通情况；④披露发行人上市药品和研发管线各产品的累计研发投入，相关新药研发投入和成功率是否符合行业一般规律；⑤贝达药业、康辰药业和康弘药业均以进入III期临床作为资本化时点，披露发行人与同行业可比公司相关会计政策存在差异的原因和合理性；⑥披露研发支出资本化时点与产品获批上市时间间隔较长，是否符合行业惯例、产品特点等实际情况，公司资本化时点是否合理；⑦披露发行人对非小细胞肺癌是否开展了II期临床和III期临床，如是，各期临床的开始和完成时间、研发内容和各期累计投入金额，请根据同行业可比公司的会计政策测算对发行人各期主要财务报表数据的影响；⑧披露研发支出资本化及费用化的会计政策是否进行过会计政策变更，如是，请说明变更时间及变更调整过程；⑨就研发支出资本化会计政策与同行业公司不同对公司业绩的影响进行"重大事项提示"。

请发行人进一步说明：①税务加计扣除金额和研发费用金额存在较大差异的原因，请列示明细项目及对应金额进行说明；②公司研发支出的内控制度，包括项目管理、财务核算和支出控制等，是否健全并有效运行；③是否存在将应计入管理费用、销售费用的支出计入研发费用或开发支出，或者将应计入研发费用的支出计入开发支出的情形。请保荐机构、申报会计师对上述事项进行核查发表核查意见，同时详细说明核查过程，另请发行人提供涉及资本化时点的临床批件资料。

证监会在以往核准制下 IPO 审核时，对研发费资本化还是费用化处理，虽然并未明确规定不得资本化，但对于扣除研发费用资本化因素后不满足 IPO 的发行条件的，则一般被认为构成 IPO 的实质性障碍。所以，绝大多数 IPO 企业在申报期研发费用全部做费用化处理。而此次上交所虽然在问询时重点关注了研发费用资本化的问题，但最终微芯生物仍成功上市，说明其会计处理符合企业会计准则的规定，并且相关事项已经做了充分的信息披露，监管部门也已经做了相应的风险提示。日后科创板上市企业在选择研发支出的会计处理上也不必噤若寒蝉，可根据实质性原则来判断。

（五）客户关系形成无形资产

对于客户资源或客户关系，只有在合同或其他法定权利支持，确保企业在较长时期内获得稳定收益且能够核算价值的情况下，才能确认为无形资产。如果企业无法控制客户关系、人力资源等带来的未来经济利益，则不符合无形资产的定义，不应将其确认为无形资产。

第三节　公司治理规范

一、独立性

（一）资产独立

生产型企业应当具备与生产经营有关的生产系统、辅助生产系统和配套设施，合法拥有与生产经营有关的土地、厂房、机器设备以及商标、专利、非专利技术的所有权或者使用权，具有独立的原料采购和产品销售系统；非生产型企业应当具备与经营有关的业务体系及相关资产。

（二）人员独立

公司的总经理、副总经理、财务负责人和董事会秘书等高级管理人员不得在控股股东、实际控制人及其控制的其他企业中担任除董事、监事以外的其他职务，不得在控股股东、实际控制人及其控制的其他企业领薪；公司的财务人员不得在控股股东、实际控制人及其控制的其他企业中兼职。

（三）财务独立

发行人应当建立独立的财务核算体系，能够独立作出财务决策，具有规范的财务会计制度和对分公司、子公司的财务管理制度；发行人不得与控股股东、实际控制人及其控制的其他企业共用银行账户。

（四）机构独立

公司应当建立健全内部经营管理机构，独立行使经营管理职权，与控股股东、实际控制人及其控制的其他企业间不得有机构混同的情形。

（五）业务独立

公司的业务应当独立于控股股东、实际控制人及其控制的其他企业，与控股股东、实际控制人及其控制的其他企业间不得有同业竞争或者显失公平的关联交易。

二、同业竞争[①]的审核关注要点

（一）范围

公司的控股股东、实际控制人及其近亲属全资或控股的企业。其他重要股东及其控制的企业如与公司存在同业竞争的情况也会引起审核人员的关注，但不是红线，须进行合理解释。

（二）判断标准

1. 主板、中小板、创业板

公司在认定是否属于"竞争"时，应结合相关公司的历史沿革、资产、人员、主营业务（包括但不限于产品服务的具体特点、技术、商标商号、客户、供应商等）等方面与发行人的关系，以及业务是否具有替代性和竞争性、是否有利益冲突等，判断是否对公司构成竞争。公司不能简单以产品销售地域不同、产品的档次不同等认定不构成"同业竞争"。

如果公司的控股股东或实际控制人是自然人，其夫妻双方直系亲属（包括配偶、父母、子女）控制的企业与公司存在竞争关系的，应认定为

---

① 同业竞争的"同业"是指竞争方从事与发行人主营业务相同或相似的业务。

构成同业竞争。发行人控股股东、实际控制人的其他近亲属（即兄弟姐妹、祖父母、外祖父母、孙子女、外孙子女）及其控制的企业与发行人存在竞争关系的，原则上认定为构成同业竞争，但发行人能够充分证明与前述相关企业在历史沿革、资产、人员、业务、技术、财务等方面基本独立且报告期内较少交易或资金往来，销售渠道、主要客户及供应商较少重叠的除外。

2. 科创板

公司与控股股东、实际控制人及其控制的其他企业间不存在对公司构成重大不利影响的同业竞争。在确认同业竞争是否构成重大不利影响时，公司应结合竞争方与公司的经营地域、产品或服务的定位，同业竞争是否会导致公司与竞争方之间的非公平竞争、是否会导致发行人与竞争方之间存在利益输送、是否会导致公司与竞争方之间相互或者单方让渡商业机会情形，对未来发展的潜在影响等方面综合考虑。竞争方的同类收入或毛利占发行人该类业务收入或毛利的比例达30%以上的，如无充分相反证据，原则上应认定为构成重大不利影响。

三、关联交易[①]的审核关注要点

（一）必要性与合理性

公司应当充分评估关联交易的交易内容、交易背景及相关交易与主营业务之间的关系，说明该交易的必要性和合理性。

（二）公允性

公司应当结合可比市场公允价格、第三方市场价格、关联方与其他交易方的价格等，充分评估关联交易价格的公允性。

（三）比例

公司应当尽量减少关联交易的比例，如无法消除，则应将关联交易的占比尽量控制在30%以内，同时尽量保持逐年降低的趋势。如关联交易占比较大是受到所处行业特性的影响，则应合理解释。

---

① 关于关联方认定，公司应当按照《公司法》《企业会计准则》和中国证监会的相关规定认定并披露关联方。

(四)内部决策程序

公司应当按照关联交易决策制度、公司章程等内部决策文件的要求,履行相关的内部决策程序。

四、资金占用

公司应当对关联方借款进行清理,在申报前不能存在关联方资金占用的情况。同时,公司应当统计关联方资金占用的金额,结合总体合规情况,综合考虑其对申报的影响。

案例 3-28　因报告期内存在不合规的资金占用被否

(1)某公司在 IPO 申报后仍存在大额资金占用,发审会询问问题:2014—2016 年 9 月,发行人存在实际控制人大额资金占用的情形。请发行人代表说明:①上述资金占用发生的原因及用途;②发行人的内部控制制度是否健全且有效执行,发行人的资金管理制度是否严格,是否能确保资金不被实际控制人及其控制的其他企业占用。

(2)双环电子在报告期内与关联方顺达电子的资金拆借持续发生,主要用于控股股东及其他少数股东、无关联第三方的个人需求。2013 年 5 月后,发行人控股股东李福喜从顺达电子拆借的来源于发行人的资金约 700 万元,主要用于偿还个人的银行借款、女儿留学款、个人购买车辆以及所欠亲戚款项。李福喜于 2015 年 12 月将资金归还顺达电子,顺达电子于 2016 年 2 月末清理资金占用完毕,于 3 月末结清资金占用费。发审会询问问题:①请发行人代表说明李福喜还款的资金来源及客观证据;②请发行人代表说明顺达电子在李福喜还款后 3 个月后归还资金的原因;③请发行人代表说明发行人拆借资金时是否履行了合法的内部程序;④发行人的章程及其他相关制度规定:"公司与关联人发生的金额在 3000 万元以上,且占公司最近一期经审计净资产绝对值 5%以上的关联交易由股东大会批准","300 万元以上,3000 万元以下且占公司最近一期经审计净资产绝对值 2%以上的关联交易由董事会批准",低于前述标准的关联交易"由公司经营班子批准"。

资金占用是对企业法人财产权的一种极大损害,属于比较严重的违规行为。该问题需要尽量在报告期第一期解决,报告期后两期不宜存在资金占用的情况。

案例 3-29　整改资金占用问题顺利过会

广东通宇通讯股份有限公司在 2012 年申请上市被否，在被否原因中，发审会提道：公司实际控制人报告期内存在通过 11 家单位占用公司资金的行为，且实际控制人未向公司支付资金占用费。经过整改，2016 年再次申请 IPO 并成功过会。通宇通讯对资金占用问题的解决方法值得借鉴：①补偿公司资金占用期间的利息。2012 年 12 月，公司实际控制人吴中林、时桂清以借款发生期间银行贷款利率为依据，补偿公司上述资金占用期间所对应的利息合计 729.15 万元。②制定严密的内控制度，防止资金占用。例如：设立专门防范大股东资金占用的领导小组；限侵占人两天时间偿还侵占金额，现金形式优先；占用资金归还后，以 2~3 倍侵占资金金额补偿公司；侵占人无力偿还的，则冻结股份并变现偿还。

五、公司与关联方共同投资①的审核关注要点

公司应当考量公司与上述主体共同设立公司的背景、原因和必要性，并评估出资的合规性及出资价格的公允性。

公司应当梳理与该公司的业务及资金往来情况，合理说明相关交易的交易内容、交易金额、交易背景以及相关交易与公司主营业务之间的关系。

第四节　相关涉税事项处理

一、股改相关所得税

（一）相关法律法规

《国家税务总局关于股份制企业转增股本和派发红股征免个人所得税的通知》（国税发〔1997〕198 号）第 2 条规定："股份制企业用盈余公积金派发红股属于股息、红利性质的分配，对个人取得的红股数额，应作为个人所得征税。"

《国家税务总局关于盈余公积金转增注册资本征收个人所得税问题的

---

① 共同投资是指公司与其控股股东、实际控制人、董事、监事、高级管理人员及其亲属直接或者间接共同设立公司。

批复》（国税函〔1998〕333号）进一步明确："从税后利润中提取的法定公积金和任意公积金转增注册资本，实际上是该公司将盈余公积金向股东分配了股息、红利，股东再以分得的股息、红利增加注册资本。对属于个人股东分得并再投入公司（转增注册资本）的部分应按照'利息、股息、红利所得'项目征收个人所得税，税款由股份有限公司在有关部门批准增资、公司股东会议通过后代扣代缴。"

《国家税务总局关于进一步加强高收入者个人所得税征收管理的通知》（国税发〔2010〕54号）规定：要加强企业转增注册资本和股本管理，对以未分配利润、盈余公积和除股票溢价发行外的其他资本公积转增注册资本和股本的，要按照"利息、股息、红利所得"项目，依据现行政策规定计征个人所得税。

（二）合理避税方案

（1）先分红，股东以分红款成立新公司增资到公司。分红个税可以和园区协商，将地方留存部分以补贴形式返还，具体需与园区洽谈。

（2）股东先以股权转让方式引进PE，后转增股本，以转让股权所得覆盖个税成本。

（3）母子公司利润转移部分。公司可将股改主体的部分利润留存到全资子公司，以减少母公司股改的未分配利润。

（4）公司原股东设立新公司向公司增资（认缴），同时公司定向减资，使个人股东退出，再以获得的现金通过新公司完成向公司实缴。

二、股权激励所得税

《财政部、国家税务总局关于完善股权激励和技术入股有关所得税政策的通知》（财税〔2016〕101号）

（一）基本条件

（1）政策适用范围：非上市公司的股票期权、股权期权、限制性股票和股权奖励。非上市公司包括全国中小企业股份转让系统挂牌公司。

（2）具体内容：员工在取得股权激励时可暂不纳税，递延至转让该股权时纳税。

（3）税基：股权转让收入减除股权取得成本以及合理税费后的差额。

（4）适用税目及税率：财产转让所得、20%的税率。

（5）股权取得成本的确定：股票（权）期权，按行权价确定；限制性股票，按实际出资额确定。

（二）享受递延纳税政策的非上市公司股权激励（包括股票期权、股权期权、限制性股票和股权奖励，下同）

须同时满足以下条件：

（1）属于境内居民企业的股权激励计划。

（2）股权激励计划经公司董事会、股东（大）会审议通过。未设股东（大）会的国有单位，经上级主管部门审核批准。股权激励计划应列明激励目的、对象、标的、有效期、各类价格的确定方法、激励对象获取权益的条件和程序等。

（3）激励标的应为境内居民企业的本公司股权。股权奖励的标的可以是技术成果投资入股到其他境内居民企业所取得的股权。激励标的股票（权）包括通过增发、大股东直接让渡以及法律法规允许的其他合理方式授予激励对象的股票（权）。

（4）激励对象应为公司董事会或股东（大）会决定的技术骨干和高级管理人员，激励对象人数累计不得超过本公司最近6个月在职职工平均人数的30%。

（5）股票（权）期权自授予日起应持有满3年，且自行权日起持有满1年；限制性股票自授予日起应持有满3年，且解禁后持有满1年；股权奖励自获得奖励之日起应持有满3年。上述时间条件须在股权激励计划中列明。

（6）股票（权）期权自授予日至行权日的时间不得超过10年。

（7）实施股权奖励的公司及其奖励股权标的公司所属行业均不属于《股权奖励税收优惠政策限制性行业目录》范围。公司所属行业按公司上一纳税年度主营业务收入占比最高的行业确定。

第五节　已挂牌新三板企业在 A 股挂牌的特别注意事项

一、信息披露差异

（一）遗漏披露关联方、关联交易

关联方和关联交易是 IPO 审核的重点。公司在年报披露时应当按照

IPO 的关联方标准认定关联方并披露关联交易。如 IPO 申报披露的关联方及关联交易与挂牌期间披露信息存在差异，需要发布更正公告进行更正。

（二）财务报告披露差异

公司 IPO 申报的会计师事务所更换或者 IPO 审计要求的提高，会导致 IPO 申报财务报告与新三板年报披露的财务报告存在差异。如果存在差异，需要根据股转公司要求进行披露更正，并由会计师事务所出具专项报告。如果差异过大，会导致公司财务核算内控规范性受到质疑，影响公司通过审核。

（三）其他信息披露差异

其他常见的信息披露差异包括员工人数、前五大客户和前五大供应商等，如存在差异，公司应当发布相关的更正公告。

案例 3-30　新三板与 A 股信息披露不一致

世纪天鸿于 2016 年 6 月 23 日向中国证券监督管理委员会提交了首次公开发行股票并在创业板上市的《招股说明书》等申请并获受理。世纪天鸿在全国股转系统申请挂牌首次信息披露文件与《招股说明书》存在多处差异。经查明，世纪天鸿在申请挂牌过程中存在以下违规事实：

（1）2013 年度和 2014 年度前五大客户销售情况信息披露不真实。世纪天鸿对主要客户河北省新华书店有限责任公司 2013 年度销售金额更正后比更正前增加 817370.35 元，2014 年度销售金额更正后比更正前减少 71362.53 元。

（2）预付账款性质信息披露不真实。截至 2015 年 3 月 31 日，公司预付西宁城中育才书社推广费 1481169.16 元，公司将款项性质由"推广费"误写为"图书费"。

（3）关联交易信息披露不真实、不完整。①关联方资金拆借信息披露不真实。世纪天鸿在全国股转系统申请挂牌时对报告期内的关联资金拆借进行了梳理，但未考虑待清理资金往来在形成时的流水方向，导致 2013 年部分关联方资金拆借误按照 2013 年资金拆借清理时的流水方向披露；②关联方资产转让信息披露不真实。世纪天鸿申报财务报表附注中将购入资产的入账原值加相关税费作为从关联方购买资产金额进行披露，与实际购入金额存在差异，更正后将相关税费予以剔除；③关联关系信息披露不完整。公开转让说明书未按规定格式披露股东张立杰、张观娥、王子荣在控股股东志鸿教育的任职关系。

（4）2013年度前五名供应商采购情况信息披露不真实。因含税及统计口径差异等原因，2013年度前五名供应商采购情况信息披露不真实。

对上述信息披露违规行为，董事长任志鸿、董事会秘书张立杰负有主要责任。世纪天鸿及董事长任志鸿、董事会秘书张立杰的上述行为违反了《全国中小企业股份转让系统业务规则（试行）》第1.5条的规定，以及《全国中小企业股份转让系统公开转让说明书内容与格式指引（试行）》第八条、第十九条、第三十四条的规定，构成信息披露违规。

针对世纪天鸿的申请挂牌首次信息披露文件与《招股说明书》存在多处差异构成的信息披露违规行为，股转系统发布《挂牌公司信息披露及会计业务问答（三）》可供学习。

案例3-31 因信息披露差异引起对内部控制和财务规范的质疑

东莞市凯金新能源科技发审会询问问题：发行人在新三板挂牌期间，2017年5月进行会计差错调整，未按期披露2016年年度报告及相关信息。请发行人代表说明：①报告期内会计差错调整的原因及依据，会计处理是否符合企业会计准则的相关规定；②会计核算是否符合现行会计基础工作规范要求，相关内部控制制度是否健全及有效运行；③新三板挂牌期间，募集资金到位后较短时间内变更募投项目的原因及合理性。请保荐代表人说明核查依据、过程，并发表明确的核查意见。

信息披露差异是新三板公司IPO上市过程中普遍存在的问题，对于此种情况，需要注意两个问题。一是需要对新三板挂牌期间与IPO申报文件的差异信息进行更正和说明。二是需要关注信息披露差异对于IPO上市的影响。根据证监会2018年6月向各家证券公司发布的《首发审核财务与会计知识问答》，相关的审核门槛是净利润、净资产的差异不超过20%，否则会被视为发行人在会计基础工作规范方面不符合发行条件，构成实质性障碍。

二、"三类股东"

（一）定义

"三类股东"指的是契约型私募基金、资产管理计划和信托计划。其中，资产管理计划主要指的是基金子公司和券商资管计划，其管理人均为受证监会监管的金融机构。

（二）IPO审核关注要点

公司控股股东、实际控制人、第一大股东不属于"三类股东"。

"三类股东"应当依法设立并有效存续，已纳入国家金融监管部门有效监管，并已按照规定履行审批、备案或报告程序，其管理人也已依法注册登记。

公司应当根据《关于规范金融机构资产管理业务的指导意见》（银发〔2018〕106号）的要求对"三类股东"作出相关过渡期安排，确保该安排符合现行锁定期和减持规则要求。

案例3-32　IPO"三类股东"的监管、清理和整改

海容冷链原为新三板挂牌公司，曾于2014年底采取做市转让方式，股东户数一度达276户，并引入了多个"三类股东"，包括国泰安保基金、鼎锋明道、中建投信托、九泰基金等机构旗下产品。该公司于2018年成功过会，对比前后两版招股说明书发现，三类股东的人数由37名（资产管理计划14名，契约型私募基金22名，信托计划1名）减少至最终9名（资产管理计划4名，契约型私募基金4名，信托计划1名），即发行人在2017年12月22日起至2018年9月，对"三类股东"进行了较大规模的清理和整改。

证监会对本案例的监管要求如下：

（1）首次反馈未直接提及"三类股东"问题。证监会对本案的首次反馈意见并未直接对三类股东问题进行问询，仅在第十二个问题要求披露发行人股东中是否存在私募投资基金以及是否进行了登记备案，即"12. 请保荐机构、律师核查发行人股东中是否存在私募投资基金，该基金是否按《私募投资基金监督管理暂行办法》及《私募投资基金管理人登记和基金备案办法（试行）》等相关法律法规履行登记备案程序，并发表专项核查意见。"

（2）口头反馈意见详细提及了三类股东问题。发行人律师北京君泽君律师事务所于2017年12月20日出具的补充法律意见（五）中提到了证监会在2017年12月22日正式的首次反馈意见之外，还有一个口头的关于三类股东的反馈意见，即"一是，拟上市企业的三类股东应当纳入国家金融监管部门有效监管，且已按照有关规定履行审批、备案或报告程序，其管理人已依法注册登记。请保荐机构、发行人律师就发行人三类股东是否符合上述要求，是否依法设立并有效存续发表明确意见。二是，请保荐机构、发行人律师核查三类股东是否符合《中国人民银行、银监会、证监会、保监会、外汇局关于规范金融机构资产管理业务的指导意见（征求意见稿）》相关要求，尤其是关于资管产品杠杆、分级和嵌套的要求，并发表明确意见。对于相关三类股东不符合上述相关要求的，应当提出切实可行、符合要求的整改规范计划，并予以披露。三是，请对三类股东做层层穿透披露，要求保荐机构、发行人律师对控股股东、实际控制人、董监高及其亲属、本次发行的中介机构及其签字人员是否直接或间接在三类股东中持有权益进行穿透核查，并发表明确意见。相关信息以招股说明书附件形式披露。四是，三类股东的锁定期和减持要求，按现有的规则执行。三类股东应对存续期及续期作出合理安排，确保符合现行锁定期和减持规则要求。"

（3）发审会委员再次问询三类股东问题。2018年5月15日，中国证券监督管理委员会第十七届发行审核委员会2018年第77次发审委会议审核本案时，发审委再次提及三类股东问题，即"发行人股权结构中存在资管计划、信托计划和基金产品三类股东"。请发行人代表说明现有三类股东是否符合现行金融监管的有关要求。请保荐代表人说明三类股东的穿透核查与披露情况，并发表明确的核查意见。

第四章

公司股份制改造

第一节 公司股改的时点选择

一、公司启动股改程序的基本前提

根据我国现行《证券法》《公司法》的规定，只有股份有限公司才被允许发行股份并在资本市场上市交易。因此，对于一个谋求进入资本市场的企业来说，将公司的组织形式由有限责任公司整体变更为股份有限公司（即实务中常说的"股份制改造"，简称"股改"），这是必不可少的一个环节。

股份公司是拟上市企业的最终组织形式，因此，进行股改，使企业变更为股份有限公司，基本标志着企业已经完成了围绕上市相关的法律、财务、行业等各方面实质问题的梳理和整改，后续企业将以崭新的面貌，比照上市公司的运行和治理规范来经营运作。

换言之，只有在公司已完成股改前的规范整改，经专业中介机构评估不存在重大实质性障碍的基本前提下，企业才可以启动股改工作。

二、公司基本股权架构的搭建应在股改前完成

根据《公司法》第141条的规定，发起人持有的本公司股份，自公司成立之日起一年内不得转让。由于在股改过程中，原有限责任公司的全体股东将以股份有限公司发起人的身份签署发起人协议并召开创立大会。这就意味着，自股改完成之日（即拿到股份有限公司的企业法人营业执照之日）起一年内，企业将无法通过股权转让的方式对自身的股权结构进行调整。

因此，在启动股改工作之前还需要考虑的一个重要问题是，符合企业需要的、稳定的股权架构是否已经搭建完善。具体来说，一方面，企业需要配合中介机构对拟作为发起人的股东的主体资格进行全面深度的调查，对于一些不满足上市公司股东资格要求的人员（如股东为国家公务员、党政机关领导等情况），应当及时进行"清理"，避免股改完成后才发现存在瑕疵股东，只能推迟一年再提交上市申请，浪费了宝贵的时间；另一方面，对于无瑕疵的股东，企业也需要对其未来的稳定性进行一定的评估。

例如有的企业可能会以股权激励的名义让重要职工直接持有公司的股份，但假如该员工在公司股改完成后意图离职跳槽，从而可能变成一个无法控制的外部股东，同时公司又无法在股改完成后 1 年内对其持有的股权以转让的形式进行处理，这将会给企业的上市进程带来不必要的干扰。除前述两方面外，事实上，包括对公司现有股东之间持股比例的调整，或者为后面股权激励等计划进行股份的预留等涉及影响公司股权结构的事项，都应该在股改启动前进行考虑、筹划或者处理。

三、股改时存在累计未弥补亏损的影响

股改时存在累计未弥补亏损，即股改基准日公司的未分配利润为负。单就"整体变更"本身而言，即使公司股改基准日未分配利润为负，但只要公司经审计的净资产超过注册资本，那么以该净资产为基础进行折股变更为股份有限公司是没有问题的。

根据证监会 2019 年 1 月 11 日发布的《发行监管问答——关于首发企业整体变更设立股份有限公司时存在未弥补亏损事项的监管要求》，申请首次公开发行股票的非试点创新企业，在有限责任公司按原账面净资产值折股整体变更为股份有限公司时存在未弥补亏损，或者整体变更时不存在未弥补亏损，但因会计差错更正追溯调整报表而致使整体变更时存在未弥补亏损的，该发行人应当自完成整体变更的工商登记后运行满 36 个月。换言之，如果企业因前述情形在股改时存在未弥补亏损，且企业拟申请首发上市的板块是主板、创业板，那么企业最快只能在股改完成之日起 36 个月后向证监会申报材料，从而拉长了首发上市的战线。

另一方面，根据 2019 年 3 月 3 日由上交所发布的《上海证券交易所科创板股票发行上市审核问答》之第 13 条，"整体变更存在累计未弥补亏损，或者因会计差错更正追溯调整报表而致使整体变更时存在累计未弥补亏损的，发行人可以在完成整体变更的工商登记注册后提交发行上市申请文件，不受运行 36 个月的限制。"该规定意味着如果企业拟申请首发上市的板块是科创板，则不受前述主板、创业板运行 36 个月的限制。

第二节 有限责任公司股改的基本流程及注意要点

一、有限责任公司股改的基本流程

（一）普通有限责任公司股改的基本流程

1.有限公司召开股东会

该次股东会审议的事项主要包括：关于同意有限公司整体变更为股份有限公司的议案；审议股份有限公司的预核准名称；确定本次股改相关审计机构、评估机构等中介机构的议案；确定本次股改审计及评估的基准日的议案。（有限公司设董事会的，还应先召开董事会审议前述事项，再提交股东大会审议，具体的通知时间安排按照公司章程约定执行。）

2.公司到当地工商办理股份公司名称预核准

3.会计师出具审计报告、评估师出具评估报告

4.有限公司第二次召开股东会

第二次股东会审议的事项主要包括：审议通过审计报告及评估报告；审议通过以经审计的有限公司账面净资产为基础的折股方案；同意发起人签署的《发起人协议》（发起人协议可在本次会议同日签署）。

5.发出股份有限公司创立大会的会议通知

根据实务经验，在时间充裕的情况下，建议创立大会参照《公司法》对股份公司股东大会通知时间的要求，提前15天发出会议通知。

6.召开职工代表大会，选举职工代表监事

7.召开股份公司创立大会

创立大会审议的主要事项包括：审议通过关于整体变更设立股份公司的议案；选举董事，组成股份公司第一届董事会；选举股东代表监事，与职工代表监事共同组成股份公司第一届监事会；通过股份公司《公司章程》；通过《三会议事规则》等一系列内部治理文件。

8.创立大会当天召开第一届董事会及监事会第一次会议，分别选举董事长、监事会主席

9.会计师出具验资报告

10.公司向当地市场监管部门提交变更为股份公司的申请

11.公司取得股份公司的营业执照

（二）特殊所有制有限责任公司股改的特殊程序

如果拟股改的企业为国有企业或者外商投资企业，则在前述股改基本流程之外，还需要提前与相关国资主管部门、外资主管部门进行沟通，按照本企业相关主管单位的要求对股改事宜进行申报，并在召开审议股改方案的股东会前取得主管单位的批复确认文件。

二、公司股改过程中的一般注意要点

（一）净资产折股应以审计值为基础

根据现行规定，不同交易板块对拟上市企业自股份有限公司成立后的持续经营时间都有一定的要求，例如，主板要求股份公司持续经营时间应在3年以上，创业板要求为2年。但是，如果有限责任公司按原账面净资产值折股整体变更为股份有限公司的，持续经营时间可以从有限责任公司成立之日起计算。

因此，为了确保公司持续经营时间的可延续性，有限公司的股改必须以经审计，而非经评估的账面净资产进行折股。如果有限公司以经评估的净资产折股设立股份公司的，则会视同新设股份公司，业绩不可连续计算。

（二）净资产低于注册资本的处理

根据《公司法》第九十五条的规定，有限责任公司变更为股份有限公司时，折合的实收股本总额不得高于公司净资产额。换言之，假设股改后股份公司注册资本为1000万元，但有限公司经审计的账面净资产只有800万元，则无法进行有限公司的整体变更。对于该种情况，目前实务中主要由有下几种处理思路：

1. 大股东注资提高净资产

根据实务经验，导致公司净资产小于注册资本的一个重要原因在于公司实收资本过低，即公司注册资本未缴纳或未全部缴纳。该情况又分为两种，第一，股东货币出资没有到位，实缴金额低于认缴出资额；其次，股东以非货币财产出资，而该出资的入账价值低于评估值。

严格来说，该种情形实际上是一种股东出资瑕疵，属于前文所说的在启动公司股改工作前就应当处理、规范的法律问题。由于股东缴纳其认缴的出资是一种法定义务，不缴足或者出资不实，都属于直接违反《公司法》的行为，因此处理方法只能是负有对应出资义务的股东缴足自己入股时认缴的出资，或者以现金或其他非货币资产，将前期未评估或者评估值过高的资产置换出来，从而使公司注册资本充实，净资产提高。

2. 有限公司在股改前先进行减资

在不存在出资不实的情况下，除股东注资以外，公司还可以采取减资后再股改的处理。也就是说，在无法提高企业净资产的情况下，通过减资降低公司的注册资本，使拟用以折股的净资产不再低于股份公司的注册资本。

（三）股改过程中的涉税事项

1. 主要相关法律

（1）《国家税务总局关于股份制企业转增股本和派发红股征免个人所得税的通知》（国税发〔1997〕198号）内容简要如下：①股份制企业用资本公积金转增股本不属于股息、红利性质的分配，对个人取得的转增股本数额，不作为个人所得，不征收个人所得税；②股份制企业用盈余公积金派发红股属于股息、红利性质的分配，对个人取得的红股数额，应作为个人所得征税。

（2）《国家税务总局关于盈余公积金转增注册资本征收个人所得税问题的批复》（国税函发〔1998〕333号）内容简要如下：你局《关于青岛路邦石油化工有限公司公积金转增资本缴纳个人所得税问题的请示》（青地税四字〔1998〕12号）收悉。经研究，现批复如下：青岛路邦石油化工有限公司将从税后利润中提取的法定公积金和任意公积金转增注册资本，实际上是该公司将盈余公积金向股东分配了股息、红利，股东再以分得的股息、红利增加注册资本。因此，依据《国家税务总局关于股份制企业转增股本和派发红股征免个人所得税的通知》（国税发〔1997〕198号）精神，对属于个人股东分得再投入公司（转增注册资本）的部分应按照"利息、股息、红利所得"项目征收个人所得税，税款由股份有限公司在有关部门批准增资、公司股东会决议通过后代扣代缴。

（3）《国家税务总局关于原城市信用社在转制为城市合作银行过程中个人股增值所得应纳个人所得税的批复》（国税函〔1998〕289号），重庆市地方税务局：你局《重庆市地方税务总局关于重庆市信用社在转制为重庆城市合作银行过程中个人股增值所得应纳个人所得税问题的请示》(渝地税发〔1998〕88号)收悉。经研究,现批复如下:一、在城市信用社改制为城市合作银行过程中,个人以现金或股份及其他形式取得的资产评估增值数额,应当按"利息、股息、红利所得"项目计征个人所得税,税款由城市合作银行负责代扣代缴。二、《国家税务总局关于股份制企业转增股本和派发红股征免个人所得税的通知》(国税发〔1997〕198号)中所表述的"资本公积金"是指股份制企业股票溢价发行收入所形成的资本公积金。将此转增股本由个人取得的数额不作为应税所得征收个人所得税。而与此不相符合的其他资本公积金分配个人所得部分,应当依法征收个人所得税。

(4)《国家税务总局关于企业股权投资业务若干所得税问题的通知》(国税发〔2000〕118号)规定:"除另有规定者外,不论企业会计账务中对投资采取何种方法核算,被投资企业会计账务上实际做利润分配处理(包括以盈余公积和未分配利润转增资本)时,投资方企业应确认投资所得的实现。"

(5)《国家税务总局关于促进科技成果转化有关税收政策的通知》(财税字〔1999〕45号)第一条规定:"科研机构、高等学校转化职务科技成果以股份或出资比例等股权形式给予科技人员个人奖励,经主管税务机关审核后,暂不征收个人所得税。"

2. 法规分析

关于有限责任公司整体变更股份有限公司纳税问题:有限责任公司整体变更时,除注册资本外的资本公积、盈余公积及未分配利润转增股本按以下情况区别纳税:

(1)资本公积、盈余公积及未分配利润中属于个人股东的部分

①根据《国家税务总局关于股份制企业转增股本和派发红股征免个人所得税的通知》(国税发〔1997〕198号)的规定,股份制企业用资本公积金转增股本不属于股息、红利性质的分配,对个人取得的转增股本数额,不作为个人所得,不征收个人所得税。但根据《国家税务总局关于原城市信用社在转制为城市合作银行过程中个人股增值所得应纳个人所得税的批复》(国税函发〔1998〕289号)的规定,国税发〔1997〕198号文中所表

述的"资本公积金"是指股份制企业股票溢价发行收入所形成的资本公积金,将此转增股本由个人取得的数额,不作为应税所得征收个人所得税,而与此不相符合的其他资本公积金分配个人所得部分,应当依法征收个人所得税。

②盈余公积及未分配利润转增股本时应当缴纳所得税,股份制企业用盈余公积金及未分配利润转增股本属于股息、红利性质的分配,对个人取得的红股数额,应作为个人所得征税。

(2)资本公积、盈余公积及未分配利润中属于法人股东的部分

根据《国家税务总局关于企业股权投资业务若干所得税问题的通知》(国税发〔2000〕118号)的规定,"除另有规定者外,不论企业会计账务中对投资采取何种方法核算,被投资企业会计账务上实际做利润分配处理(包括以盈余公积和未分配利润转增资本)时,投资方企业应确认投资所得的实现"。因此,有限责任公司整体变更为股份有限公司视同利润分配行为,按以下原则处理:

①盈余公积和未分配利润进行转增时视同利润分配行为。不同于个人股东,公司制企业进行分红时,法人股东不需要缴纳所得税。但如果法人股东与公司所适用的所得税税率不一致时,法人股东需要补缴所得税差额部分。

②根据国税发〔1997〕198号文精神,对不属于股份制企业股票溢价发行收入所形成的资本公积金,将此转增股本由法人取得的数额,比照上款办理,即需要补缴所得税差额部分。

3.结论

综上所述,在所有者权益的三大块中,资本公积转增股本是不需要缴税的,盈余公积转增股本需要缴纳个人所得税,而对于未分配利润没有明确规定,但是根据股息红利的理解,理论上是需要缴纳个人所得税的。关于《国家税务总局关于促进科技成果转化有关税收政策的通知》,很多地方都根据该文出台了地方性法规。很多地方地税有免除股东个人所得税的规定,但违背国税的文件。某些省市地方的处理方式是,股东获得地税的免税通知书,股东承诺如果国税追缴,则股东补足。

三、股改完成后的公司治理和规范运作要求

（一）股改后审计调整

股改后审计调整，重点关注审计调整的原因、股改时资产负债入账的准确性、是否存在出资不实、影响发行人股份改制的合法合规性等情形。

发行人在以股改基准日经审计的账面净资产整体折股变更为股份有限公司后，发现会计师以股改基准日出具的审计报告由于种种原因，经审计的账面净资产值存在偏差。股改基准日经审计的账面净资产值发生的调整，既有可能调高，也有可能调低。从已上市案例来看，因审计净资产值偏高需要调低的情况较多，因审计净资产值偏低需要调高的情况相对较少，原因在于净资产值被调高并不影响发行人资本充足性，更不会导致发行人股东出资不实的责任，一般监管机构并不会过分关注，如苏州恒久。

1. 因审计净资产值偏高需要调低的情况，应当做如下调整：

（1）若股改审计值被调低，但是未低于折股后的注册资本。根据《公司法》96条的规定，有限责任公司变更为股份有限公司时，折合的实收股本总额不得高于公司净资产额。在该情况下只要调减资本公积并经发行人股东大会确认即可，如宏达电子、科融环境、珈伟股份、通裕重工等。

需要注意的是，股改的净资产是指母公司个别报表层面的净资产，而非合并报表层面的净资产，因子公司亏损导致合并报表层面归属母公司股东的净资产小于母公司个别报表层面净资产的情况，应当关注该子公司的亏损是否为暂时性的，未来能否恢复盈利，考虑有无必要在个别报表层面对该子公司的长期股权投资计提减值准备。

（2）若股改审计值被调低，且低于折股后的注册资本，这种情况下就造成了出资不实。在这种情况下，实务中一般通过承认股改不合法，重新股改；或降低注册资本，调至经调整后的净资产值（或低于经调整后的净资产值）；或通过发起人股东补足出资的方式并履行相关程序，才能较完善地弥补该瑕疵。但如果审计调整过大，根据保代培训相关意见，导致出资不到位金额超过注册资本30%以上，需要补足出资并等待一个会计年度；出资不到位金额超过注册资本50%以上，需要补足出资并等待36个月。

案例4-1　宏达电子调低股改审计值

2016年,在众华对宏达电子申请上市的财务报表进行审计的过程中,发现了前期差错事项:发行人前身宏达有限将对湘怡中元的长期股权投资成本确认为收购对价42008010.00元,列示有误,应将宏达有限对湘怡中元的长期股权投资修订为29907101.74元,导致调整后的净资产比股改基准日的净资产减少12100908.26元。

经审计调整后,宏达有限截至股改基准日净资产342102986.67元,折合股本总额320000000股,其余净资产22102986.67元计入资本公积。本次调整不影响宏达电子注册资本,不影响公司注册资本充实情况。

2017年6月9日,宏达电子全体股东出具书面确认:

(1)上述净资产调整减少事项是宏达电子财务状况信息的准确体现和更正,未影响宏达电子股改时股本;

(2)各股东对上述审计调整所导致的折股净资产减少事宜与宏达电子或宏达电子其他股东之间不存在任何争议或纠纷,上述净资产调整事宜也不会产生潜在纠纷和风险。

2017年6月9日,株洲市工商局出具书面证明:鉴于上述净资产调整事项并未影响宏达电子股本,宏达电子股改时股本仍为32000万股,根据《公司法》及相关法律法规,该局认为,宏达电子上述事项未违法违规,不影响公司股改变更合法登记,该局不会因此处罚宏达电子。

2017年6月10日,宏达电子第一届董事会第十二次会议审议通过《关于追溯调整公司整体变更时净资产情况的议案》;2017年6月28日,宏达电子2017年第二次临时股东大会审议通过《关于追溯调整公司整体变更时净资产情况的议案》。

(二)重大事项应按照公司制度履行决策程序

正如前文所述,一般认为,完成股改的拟上市企业,在公司治理方面的要求与上市公司将不再有明显差异。由于股份公司创立大会上已经建立了董事会、监事会,选举了总经理、财务负责人、董事会秘书等高级管理人员,形成了三会一层的现代公司治理结构,同时又通过了《三会议事规则》《对外投资决策制度》《关联交易决策制度》等一系列内部控制制度,股改后的企业在日常生产经营中应当严格遵守《公司章程》和内部制度对相关业务的决策程序、权限的要求。对于依照内部规则必须经董事会、股东大会审议的事项，绝对不能再像有限责任公司阶段，由某个主体（通常为第一大股东、实际控制人）单独决定，而应当形成书面的会议文件、决议文件并妥善保管，确保内部决策程序的有效性。

（三）关联交易的规范和控制

由于关联交易对公司经营情况的影响一直是上市过程中监管机构关注的重点。完成股改的拟上市企业必须按照《公司法》《企业会计准则》和证监会的相关规定，结合中介机构的意见，全面识别、确认公司的关联方，对于与关联方之间发生的交易，必须严格依照法律、公司章程的规定履行相应的股东大会审议程序。对于有必要进行的关联交易，确保决策程序的合规性，交易定价的公允性，并尽量减少其发生的频次，对于没有明显合理理由需要进行的关联交易，应当直接避免发生，避免造成存在利益输送的印象。

（四）避免同业竞争

对于拟上市的企业来说，同业竞争主要关注的是企业与其控股股东、实际控制人及其近亲属所控制的企业之间的业务竞争。对于拟登陆主板、创业板的企业来说，同业竞争是不可触碰的红线，只要存在同业竞争，就会构成发行障碍。对于拟在科创板上市的企业来说，禁止存在竞争方的同类收入或毛利占企业该类业务收入或毛利的比例达30%以上的情形，也即对企业构成重大不利影响的同业竞争。

一般来说，同业竞争问题会在股改工作启动前，通过对存在业务竞争情形的公司股权的转让、收购等方式消除，但由于该事项乃审核关注的重点，企业股改完成后，仍应持续注意自身业务与控股股东、实际控制人及其近亲属所控制企业之间的潜在冲突，避免埋下不必要的隐患。

第五章

融资

第一节 上市前的股权融资

一、引入战略投资人

（一）融资对企业的意义

除了公司自身资本的循环积累，公司往往需要利用外部资源扩充资本以供应其经营发展。股权融资和债权融资都是企业可以选择的融资手段。

对于投资人来说，股权投资往往通过两种途径获得收益：一是通过低价获取有潜力的成长性企业，在其发展初期给予资金投入用于经营发展，并在恰当的时候转让股份，通过价差实现收益；二是通过一级市场或二级市场购买公司股份并长期持有，等待公司分红分享企业发展带来的回报。而债权投资则是通过固定的利息率获得一段时间内稳定的利息收益。

对公司而言，股权融资需要出让股权，即公司未来成长的收益，因而具有较高的成本，如没有回购条款，股权融资一般不用归还本金，因而偿付风险较小；债权融资成本较低，但存在融资数量的不稳定性和到期无法偿还的风险。企业选择融资模式时，以融资风险作为标准，宜先股后债；以融资成本为标准，宜先债后股。

（二）战略投资人的分类

战略投资者分类情况见表 5-1。

表 5-1 战略投资者分类

PE 的类型（按投资阶段）	投资特征
天使投资（Angel Investment）	又称非正规风险投资，一般由投资者个人出资，投资于种子期（初创期）企业，投资规模小、风险高、回报高
风险投资（Venture Capital）	由专业人士投资于新兴的、迅速发展的、具有巨大发展潜力的企业的权益性资本
成长资本（Growth Capital）	投资于中后期发展阶段的企业，主要用于增加产量、销量以及研发新品，提升利润空间
并购资本（Leveraged Buyouts）	收购控股成熟且稳定增长的企业，实施内部重组、行业整合等来提升企业价值，待增值后出售获利

续表

PE 的类型（按投资阶段）	投资特征
战略投资者（Strategic Investement）	大型企业集团中的直投部门，以投资集团相关行业为主，投资并不以获利为唯一目的
夹层资本（Mezzanine Capital）	介于股权投资和债权投资之间，一般投资于成长型公司，在两轮融资之间或在上市之前，包括可转债和可转换优先股等

（三）企业在不同发展阶段可选的融资方式

一家公司从初创到后续发展，每个阶段所需资金的性质和规模都不相同，可以将它们划分为种子期[①]、导入期[②]、成长期[③]和成熟期[④]。

种子期阶段，主要通过企业家自身积累支持企业迅速发展，所需的资金较少。

导入期阶段，需要的资金普遍来自风险投资（VC），一旦投资者发现存在不可克服或超预期的风险，就有可能退出投资。

成长期阶段，往往会有新的私募股权投资（PE）进入，公司能通过自身产品销售回笼资金，银行等稳健的投资也会择机而入。

成熟期阶段，产品进入大工业生产阶段，公司的规模效应需要大量的资金支持，但此时企业自身的销售能力已能实现相当稳定的资金流入，企业有能力通过自身的资信能力吸引银行借款、发行债券或发行股票。此时是风险投资和私募股权投资的收获季节。

（四）私募股权融资的相关流程及标准

1. 投资机构的基本运作程序

不同类型的投资机构会偏好不同发展阶段的公司，而每家投资公司也有自己擅长和关注的行业和领域，没有一家投资机构会对市场上的企业"遍地撒网"。但归根结底，投资机构遇到的企业都有各自的营运模式、发展路径等，必须有一套一致的筛选流程和决策机制，来为它们统一标准。

---

① 种子期是指企业的酝酿与建立阶段。
② 导入期是指公司技术创新和产品试销阶段，未来前景尚不明朗。
③ 成长期是指公司技术发展和生产逐步扩大的阶段。
④ 成熟期是指公司技术成熟，产品进入大工业生产阶段。

投资机构的运营流程大致如下：

（1）投资人根据自己的偏好寻找项目；

（2）投资人获得项目的商业计划书，并选择是否与创业者进行沟通交流；

（3）投资人经过多次交流认可项目后，递交投资机构的项目评估会进行公开推荐；

（4）项目过会后，安排对项目公司进行初步尽职调查；

（5）通过初步尽职调查的验证和核实后，投资机构与项目公司签订投资意向书；

（6）投资公司聘请专业的外部第三方机构对公司的业务、财务、法律等方面进行全方位的尽职调查；

（7）完成前述一系列工作后，投资机构内部的投资决策委员会最终决策是否对项目公司进行投资。

2.私募股权融资的一般流程

通过前述投资机构内部的决策程序了解到，从对接投资机构到真正获得融资中间需要经历较长的时间，从而融资成功与否具有较大的不确定性，因此，公司对于股权融资需要有详细的规划，同时创业者需要在融资之前提前留好现金余量，以防在融资到位前出现资金缺口从而陷入被动的境地。当做好充分的思想准备及资金准备后，公司就可以开展融资进程。

（1）确定投资机构

投资机构对于市场上的公司拥有一定的嗅觉，但这与公司主动出击寻找机会并不冲突，但为了节省时间和精力，公司需要避开投资竞争对手以及资金不够充裕的投资机构。

（2）准备商业计划书

商业计划书往往是公司融资过程中吸引投资人最重要的王牌。在交流之初，公司适宜由创始人做口头陈述，配以20页左右的PPT用于展示；在投资人对公司产生浓厚兴趣后，提供专业全面的商业计划书供其参考。

（3）与投资人的联系

建议尽可能多地联系机构进行交流，这样一来公司有机会客观地审视自身在投资人眼中的定位，以及公司更适合的投资机构风格。

（4）融资演示

在与投资人接触的过程中，需要为他们做项目或公司的展示，对于演示时需要准备的内容，至少要包括市场规模及前景、产品技术、商业模式、财务状况及预测、团队阵容等。

（5）甄别投资协议条款

在对投资协议的谈判过程中，公司可以聘请有经验的律师。因为投资机构出具的投资协议模板往往是基于保护投资机构的角度出发，公司有必要甄别每一个条款背后的意图，以及对公司的影响。

（6）投资机构详细尽职调查并作出决策

如前所述，尽职调查往往从业务、财务、法律三个角度展开，尽职调查的目的主要是验证公司的实际状况与投资机构之前了解的信息是否存在重大差异，在此期间双方相互磨合，有了更多考虑对方是否合适的时间。

一旦完成详细的尽职调查，就需要安排项目的投资决策。市场的变化、公司运营状况的变化和尽职调查的结果都有可能影响最终的决策结果。

（五）相关注意事项

初创企业的股权融资，是一个谈判、博弈、妥协、一致的过程，但这与平时的买卖交易大不相同，这是因为谈判时看似对立的两方，在达成协议后将并肩作战，即将共同面对市场的风险。融资归根结底是为了公司的成长，创造全体股东的价值，而这也是公司创业者与投资人的共同目标。因此双方都需要有买定离手的契约精神，彼此坚信双方达成的是在当时最适合的决定。

（六）科创板首发融资的相关规定

上交所推出的科创板对于该板块的上市公司融资给出了更加灵活的规定：

1. 保荐机构相关主体参与配售。根据《上海证券交易所科创板股票发行与承销业务指引》的规定，科创板试行保荐机构相关子公司跟投制度。发行人的保荐机构通过依法设立的另类投资子公司或者实际控制该保荐机构的证券公司依法设立的另类投资子公司参与发行人首次公开发行战略配售，并对获配股份设定限售期。参与配售的保荐机构相关子公司应当事先与发行人签署配售协议，承诺按照股票发行价格认购发行人首次公开发行股票数量 2%~5% 的股票，具体比例根据发行人首次公开发行股票的规模分档确定。

2. **高管员工参与配售**。根据《上海证券交易所科创板股票发行与承销实施办法》的规定，科创板拟上市企业首次公开发行股票可以向发行人的高级管理人员与核心员工设立专项资产管理计划发行战略配售。前述专项资产管理计划获配的股票数量不得超过首次公开发行股票数量的 10%，且应当承诺获得本次配售的股票持有期限不少于 12 个月。

3. **股权激励上市前制定、上市后实施**。出于对发行人要求股权清晰，控股股东和受控股股东、实际控制人支配的股东持有的发行人股份不存在重大权属纠纷的考虑，证监会要求公司上市前确定的股权激励计划必须执行完毕才能上市，或者终止该计划后再上市。而科创板的发行人为体现增强公司凝聚力、维护公司长期稳定发展，根据《上海证券交易所科创板股票发行上市审核问答》的规定，可以在首发申报前制定、上市后实施期权激励计划，但在信息披露及核查方面提出了重点要求，主要包括：激励对象符合《上海证券交易所科创板股票上市规则》第 10.4 条规定，激励计划参考《上市公司股权激励管理办法》规定执行，行权价格原则上不应低于最近一年经审计的净资产或评估值，对应股票数量占上市前股本比例不超过 15% 且不得设置预留权益，在审期间不新增且不行权，考虑实际控制人稳定等。另外，锁定期方面，激励对象应承诺自行权日起 3 年内不减持，且上述期限届满后比照董监高减持规定执行。

科创板大胆开放上市前期权计划，明确企业上市前可以制订期权计划并在上市后实施，即可以带着期权计划上市。这对于科创板拟上市企业而言，Pre-IPO 股权激励方案的设计更加灵活多元，同时也可避免股权结构变动带来的潜在合规性风险，对于员工而言可以减少当期出资压力并获得未来更多的选择空间。实行期权计划需同步遵守行权价格下限、期权数量上限、控制权稳定、特定期间不得行权等方面的限制条件。

4. **超额配售选择权**。与 A 股其他板块不同，科创板企业对于战略配售选择权的行使，没有发行规模及其他限制要求。根据《上海证券交易所科创板股票发行与承销业务指引》的规定，发行人和主承销商可以在发行方案中采用超额配售选择权。采用超额配售选择权发行股票数量不得超过首次公开发行股票数量的 15%。

案例 5-1　科创板硅产业期权激励计划

2019 年 4 月，公司经股东大会批准通过拟授予激励对象不超过 1.296 亿股的股票期权，同日，公司股东会批准了股票期权激励计划首次授予方案，授予激励对象不超过 9506.34 万股的股票期权，行权价格为 3.4536 元/股。

针对《科创板股票发行上市审核问答》的核查包括：

（1）激励对象：股票期权激励计划的激励对象包括公司及下属子公司高级管理人员、核心技术人员或者核心业务人员，及对公司及下属子公司经营业绩和未来发展有直接影响的其他员工，不包括独立董事和监事。对该等员工的股票期权激励，有利于公司及下属子公司未来经营的稳定，具有必要性与合理性。符合《上海证券交易所科创板股票上市规则》第 10.4 条的相关规定。

（2）激励计划制定标准：《股票期权激励计划》等相关文件，其内容与基本要求，激励工具的定义与权利限制，行权安排，回购或终止行权等内容均参考了《上市公司股权激励管理办法》的相关规定予以制定，已经公司董事会、股东大会审议通过，相关激励对象履行了监事会审议、公示等程序。

（3）行权价格：根据《股票期权激励计划首次授予方案》，本次股票期权激励的行权价格根据最近一次投资者增资公司的交易价格确定，并且不低于按照国有资产评估管理规定经有关部门、机构核准或者备案的每股评估价格。本次授予的股票期权行权价格为 3.4536 元/股，不低于最近一年经审计的净资产或评估值。期权的行权价格与发行人最近一次投资者增资硅产业集团的交易价格一致，该等价格高于中联资产评估集团有限公司以 2018 年 11 月 30 日为基准日，对硅产业集团出具的《资产评估报告》的评估值，主要是因为交易各方以上述评估报告为基础，根据上海市国资委组织的资产评估备案专家的指导意见，综合考虑了评估基准日至本次交易期间硅产业集团所持 Soitec 股票增值情况。

（4）股票数量比例：根据《股票期权激励计划首次授予方案》，本次股票期权激励计划实际授予激励对象的股票期权数量为不超过公司股本总额的5.87%，即不超过9506.34万股。发行人全部在有效期内的期权激励计划所对应股票数量占公司上市前总股本的比例未超过15%。经批准的股票期权激励计划拟授予激励对象不超过1.296亿股的股票期权，股权激励计划的有效期为5年，自股东大会批准该计划并确定授予日之日起计算。激励计划拟授予的1.296亿股与实际授予的9506.34万股股票期权的差额将不再授予，不属于预留权益。

（5）行权限制：根据《股票期权激励计划》，本次股票期权激励计划自股票期权授予日起的24个月为等待期，在等待期内，激励对象根据本计划获授的股票期权不得行权。因此，除上述股票期权激励计划外，发行人在首次公开发行股票并在科创板上市前不存在其他期权激励计划，相关激励对象不得行权。

（6）实控人稳定：本次发行前，国盛集团和产业投资基金各自持有公司30.48%的股份，为公司并列第一大股东，并且国盛集团和产业投资基金之间不存在一致行动关系，公司无实际控制人。根据《股票期权激励计划首次授予方案》，本次股票期权激励计划实际授予激励对象的股票期权数量为不超过公司股本总额的5.87%，即不超过9506.34万股，且任何一名激励对象通过本计划获授的股票期权对应的公司股票，不超过公司股本总额的1%。发行人不会因上市后期权行权而导致公司无实际控制人的情况发生变化。

（7）锁定期：《股票期权激励计划》约定：①激励对象在公司上市后因行权所获股票自行权日起3年内不得减持；②上述禁售期限届满后，激励对象应比照公司董事、监事及高级管理人员的相关减持规定执行。

二、对赌协议

（一）对赌的意义

对赌协议[①]即"估值调整机制"，如果企业未来获利能力达到某一标准，则融资方享有一定权利，用以补偿企业价值被低估的损失；否则，投资方

---

① 对赌协议是投资协议的核心组成部分，是对企业估值的调整，是带有附加条件的价值评估方式，是投资方与融资方在达成融资协议时，对未来的不确定情况进行的一种约定。

享有一定权利,用以补偿高估企业价值的损失。对赌协议产生的主要原因是投资方规避因投资企业估值与实际价值出现较大偏差带来的风险。

对赌协议的设置在一定程度上具有积极作用,包括解决公司资金短缺问题,通过投资机构的投资增加企业知名度;激发公司发展潜能,实现快速增长;获得战略规划上的增值服务,提高市场竞争力。但另一方面对赌协议的设置也可能对公司产生负面影响,包括对赌标准设定过高,管理层经营压力较大,引发公司发展危机;导致管理层短期行为,过分开发公司潜力;对赌失利后造成股权流失,公司控制权发生变动。

表 5-2 主要对赌局的简单回顾

中资 VS 外资	赌局	结局
港湾 VS 华平、龙科	2001—2004 年一旦港湾未能实现持续的销售增长,外资将会获得更多的股权。同时规定,一旦港湾上市不成,港湾管理层将失去对企业的控制权	被华为收购
雨润 VS 高盛、鼎晖和 PVP	在雨润香港上市时,若雨润 2005 年盈利达不到 2.592 亿港元,投资方有权要求大股东以市场溢价 20% 的价格赎回所持有的股份	2006 年 3 月雨润盈利达 3.6 亿元人民币,远超对赌下限
蒙牛 VS 摩根、鼎晖及英联	约定蒙牛在 2004—2006 年盈利复合增长率未达到 50%,管理层将向投资方支付 7800 万股公司股权;反之,投资方支付相同数量股权给管理层	蒙牛表现优异,对赌以双赢结局提前结束
永乐 VS 摩根及鼎晖	摩根、鼎晖以 5000 万美元入股永乐,永乐在 2007 年扣除非核心业务利润后盈利如高于 7.5 亿元人民币,投资人向高管层割让 4697 万股;利润介于 6.75 亿元至 7.5 亿元不需进行估值调整;利润介于 6 亿元至 6.75 亿元,管理层向投资人割让 4697 万股;利润低于 6 亿元,则管理层割让的股份达到 9395 万股	未能实现约定的业绩增长,被竞争对手国美收购
太子奶 VS 高盛、英联及摩根士丹利	在收到 7300 万美元注资后的前 3 年,如果太子奶集团业绩增长超过 50%,可调整(降低)对方股权;如完不成 30% 的业绩增长,太子奶集团创始人李途纯将失去控股权	未能实现约定的业绩增长,失去控股权

（二）对赌协议的合法性

对赌协议作为新老股东对其民事权利义务的约定和处分，如果系相关各方真实意思的表示，不违反法律、行政法规的强制性规定，应受到法律的保护，但依法构成合同无效和被撤销的除外。但是，如果上市前股权对赌协议未执行完毕，即在企业被证监会核准上市前关于业绩保障的股权对赌未予执行，是否导致股权比例调整尚不能确定，在这种情况下，是否执行股权对赌协议的不确定性在一定程度上影响了企业股权的稳定性，各股东股权存在潜在纠纷，即发行人股权不够清晰且可能存在重大权属纠纷，在一定程度上对企业上市构成法律障碍。

（三）上市前需要避免的对赌

对赌协议起源于国外，是国外企业在投资、并购等过程中调整投资方和融资方利益的一种机制。但我国现行法律对于对赌协议的规制尚处于空白阶段，对赌协议的效力也受到争议。如果公司计划境内上市，企业家必须慎用对赌协议。

根据证监会发布的《首发业务若干问题解答（一）》，投资机构在投资发行人时约定对赌协议等类似安排的，原则上要求发行人在申报前清理，但同时满足以下要求的可以不清理：一是发行人不作为对赌协议当事人；二是对赌协议不存在可能导致公司控制权变化的约定；三是对赌协议不与市值挂钩；四是对赌协议不存在严重影响发行人持续经营能力或者其他严重影响投资者权益的情形。保荐人及发行人律师应当就对赌协议是否符合上述要求发表明确核查意见。发行人应当在招股说明书中披露对赌协议的具体内容、对发行人可能存在的影响等，并进行风险提示。该问题解答首次就对赌协议的概念及其在企业首发上市时的适用进行明确说明，并明确提出在满足发行人不作为对赌协议当事人等四项要求的情况下，对赌协议可以不清理。市场上对该项内容持欢迎态度，但是在实务中，对于存在对赌协议的拟科创板企业，绝大多数发行人及投资方都在申报过程中签署了补充协议，各方约定彻底终止对赌协议，以更快推动上市审核进程。

案例 5-2　传音控股（688036.SH）科创板上市时的对赌协议问题

传音控股科创板上市案例中，发行人及其控股股东与投资方存在对赌协议，且存在以发行人作为对赌义务方并与市值挂钩的情况，最初各方约定对赌协议在发行人申报上市时"终止"（在撤回上市时恢复效力），但未获得交易所认可；后各方补充约定所有股东协议在发行人申报上市时"解除"且不得恢复效力，获得交易所认可。

第一轮问询答复情况：

2017年6月，甲投资方与发行人及其控股股东签署投资协议，其中包含业绩对赌安排（现金补偿义务方为发行人）及上市对赌安排（股份回购义务方为发行人）。2017年10月，各方签署协议约定，自发行人提交IPO申报材料之日起，上述对赌条款终止。

保荐机构和发行人律师认为，发行人与股东签署的对赌条款不存在触发生效的情形，对赌条款已终止，不存在影响发行人经营及实际控制权稳定的情形。

第二轮问询答复情况：

2017年3月，乙投资人与发行人及其控股股东签署确认书，各方已确认上述对赌条款自该确认书签署之日起终止，该确认书自签署之日起即对签署各方具有约束力，终止方式合法有效，各方已一致同意终止有关对赌条款，不存在附条件或附期限的恢复条款。

2017年10月，甲等投资方与发行人及其控股股东签署协议约定，自发行人提交IPO申报材料之日起，上述对赌条款终止，但在下列情形发生之日起将重新溯及生效：公司主动撤回上市申请；公司在提交上市申请后未能通过审核；公司在上市申请获得发行批文后，未能在批文有效期内完成上市。2019年5月，各方再次签署协议约定，解除各方所签署的股东协议及其补充协议，该等协议及相关条款对全体股东及发行人不再产生任何约束力，亦不再重新溯及生效；各方确认，自发行人提交IPO上市申报材料之日起，任一方与发行人及其他方之间不存在有关对赌等特殊条款或利益安排。

保荐机构和发行人律师认为，投资方与发行人及其控股股东为终止对赌条款签署的协议为各方真实意思表示，该协议自签署之日起即对签署各方具有约束力，终止方式合法有效；根据协议，各方一致同意终止有关对赌条款，不存在附条件或附期限的恢复条款。

案例 5-3　铂力特（688333.SH）科创板上市时的对赌协议问题

铂力特科创板上市案例中，发行人及其实际控制人与投资方存在对赌协议，该案例与上述案例的不同点在于，发行人在充分地解释对赌协议符合《上海证券交易所科创板股票发行上市审核问答（二）》问题 10 的 4 项要求情况下，对协议的终止保留了恢复条件。该案例具体情况如下（该案例发生在科创板较早期，参考时需谨慎把握）：

问询答复情况：2016 年 11 月，投资方与发行人及其实际控制人签署对赌协议，约定在发行人未实现上市的情况下，投资方有权要求发行人的实际控制人回购股份，且各方还约定股份转让限制、优先增资权、最优惠待遇等特殊条款。同时，各方约定如发行人正式申请上市的，则上述特殊条款终止；如发行人撤回上市或上市被否的，发行人的实际控制人将与投资方另行签署协议履行股份回购义务。

保荐机构和发行人律师认为，对赌协议符合《上海证券交易所科创板股票发行上市审核问答（二）》问题 10 的相关要求，主要理由如下：①发行人为对赌协议的签署方，但未负协议义务且不是协议责任的承担方，因此，发行人不是对赌协议的当事人；②发行人的实际控制人拥有银行存款、多处价值较高房产及其他公司股权等个人财产，足以覆盖股份回购义务所需资金，并且履行股份回购义务后其持股比例将会增加；另外，对赌协议已经终止（在撤回上市后恢复效力），即在上市审核期间均已经终止，发行人的实际控制人不承担股份回购义务，对赌协议不会导致发行人的控制权发生变化；③对赌协议以发行人是否上市为触发条件，且未约定与发行人市值相关的内容，对赌协议未与发行人市值挂钩；④对赌协议仅在发行人不能成功上市时触发，如果发行人成功实现上市，则对赌协议终止且不可恢复，不会对发行人持续经营能力或者投资者权益构成严重影响。

（四）应对措施

在面对通过对赌协议获得融资时，公司决不能被投资人提出的"高价"蒙蔽眼睛，仅看到高额的融资却忽视背后巨大的风险，最终为了完成对赌目标放弃长期发展战略，或者因无法完成对赌目标，最终导致创业者丧失公司控制权。公司可以采取以下应对措施减少风险：

（1）聘请第三方咨询机构，结合企业发展现状、市场环境等因素，在充分了解对赌条款背后的潜在风险后，理性分析自身实力；

（2）引入投资人的过程中，投资人和公司将要经历多次谈判、博弈，公司应与投资人充分沟通，减少信息不对称带来的风险，共同制定相对合理的对赌条款，最终实现合作共赢；

（3）设置保护条款，当公司无法完成预定目标时，可以通过向投资人支付一定的现金或股权及时终止协议，控制损失，避免因为对赌条款设置使公司陷入严重的发展困境。

三、公司估值

（一）估值对公司的意义

公司估值是着眼于公司本身，对公司的价值进行评价，是投融资、交易的前提。一家投资机构将一笔资金注入企业，应该占有的权益首先取决于公司的内在价值。

（二）估值方法

公司往往因各自经营的业务、服务的市场、拥有的资产而各有千秋，在经营过程中，公司的价值体现也通过上述三种性质有了区分，与此对应，企业估值体系建立起三种主要的企业估值方法，包括收益法、市场法和成本法。

收益法[1]亦称绝对价值法，它的计算理论为，一家公司的价值等于它未来利益的现值，计算方法是用一个能反映该项投资风险水平的回报率，贴现这家公司所有的未来收益。收益法理论上适用于能创造正向回报的经营性企业，它理论上是最理想的估值方法。但是在实际应用中，企业未来

---

[1] 收益法是指以一个或多个把预期利益转化为现期单一金额的方式，求取企业、企业所有者权益价值的通用方法。

的收益很难客观合理地估计。

市场法①也称相对价值法,即公司价值的确定是基于一种已经在相关市场上存在的类似企业的价值。通常的计算方法是寻找一个影响企业价值的关键变量(净利润、净资产或营业收入等),计算可比企业的市价/关键变量的平均值,再用公司的关键变量乘以得到的平均值。常见的可比市盈率法就是市场法的最广泛使用。市场法的应用中,最关键的因素就是可比企业的选择,当可比企业选择存在主观性时,往往得出的公司相对价值也具有很强的主观性。

成本法则更适合运用于资产密集型的公司,当公司的价值仅限于具体的固定资产时(公司因为经营失利,无法产生无形的价值),成本法通常是评估公司最适宜的方法。

对于以上市为目标的中小企业而言,不排除在发展过程中出现亏损的可能性,这往往存在以下原因:

(1)由特定事件造成的暂时性亏损,这类情况相对容易辨别,只影响一两年的业绩。例如,巨额商誉减值计提;一次性的激励费用;不利于公司的重大诉讼判决,自然灾害损失。这些事件无疑都会降低企业盈利,但影响比较短暂。这时估值应该加回影响,并用扣非指标计算估值。

(2)因生命周期、经营策略或会计错配导致的净利润为负的公司。这类情况在成长股中十分常见(与科创板关联度较高)。

①生命周期偏早。如新产品仍处于研发期,尚未产生明显收入;产线投产但尚未放量。

②经营策略。公司的连锁扩张,为争取龙头地位而投入大量营销费用。

③会计错配。先预收但分期确认收入,后期成本几乎可以忽略。在这种情况下企业可以选择利润表指标(EBIT、EBITDA、毛利润、销售收入)、资产负债表或现金流量表指标(净资产、FCF)、非财务性经营指标(如用户数、平台流水等)作为估值变量。需要注意的是,这种方式的本质是在寻找财务指标的前瞻性指标,要注意其内在逻辑的合理性。

---

① 市场法是指以一个或多个目标主体与已经出售的类似企业、企业所有者权益相比较,获得相应价值的通用方法。成本法是基于企业资产剔除负债后的价值,求取企业、企业所有者权益的通用方法。

（三）科创板的市值规定

上交所科创板的推出，使企业的上市标准突破了盈利的限制，重点支持的6大领域（信息技术、高端装备、新材料、新能源、节能环保、生物医药）甚至允许亏损的公司上市，这对于传统的估值方法（收益法、成本法和市场法等）提出了全新的挑战。

根据《上海证券交易所科创板股票发行上市审核规则》的规定，科创板引入了"市值"指标，相比核准制下的A股其他板块在制度上大幅提升了上市条件的包容性和适应性。在市场和财务条件方面，采用收入、经营现金流和研发投入等财务指标与"市值"标准进行组合，设置了5套差异化的上市指标：

（1）预计市值不低于10亿元人民币，最近两年净利润均为正且累计净利润不低于5000万元人民币，或者预计市值不低于10亿元人民币，最近一年净利润为正且营业收入不低于1亿元人民币；

（2）预计市值不低于15亿元人民币，最近一年营业收入不低于2亿元人民币，且最近3年累计研发投入占最近3年累计营业收入的比例不低于15%；

（3）预计市值不低于20亿元人民币，最近一年营业收入不低于3亿元人民币，且最近3年经营活动产生的现金流量净额累计不低于1亿元人民币；

（4）预计市值不低于30亿元人民币，且最近一年营业收入不低于3亿元人民币；

（5）预计市值不低于40亿元人民币，主要业务或产品需经国家有关部门批准，市场空间较大，目前已取得阶段性成果。医药行业企业需至少有一项核心产品获准开展二期临床试验，其他符合科创板定位的企业需具备明显的技术优势并满足相应条件。

除此之外，符合相关规定的红筹企业、存在表决权差异安排的发行人申请股票或者存托凭证公开发行并在科创板上市的，也设置了与"市值"相关的具体上市标准。

（四）科创板企业的估值方法

表 5-3 企业生命周期及适用估值方法

阶段	种子期	成长期	成熟期	衰退期
参与者	创业者 天使投资人	风险投资人 IPO 增长型投资人	价值型投资人 私募股权基金	价值投资人 分拆估值
影响盈利的假设	潜在市场 产品定价 预期利润率	规模效应 竞争 再投资政策	并购重组的可能性	收入利润下滑速度
估值要素	潜在市场 利润率 资本投资 创始人价值	收入增幅 目标利润率 投资回报率	当期利润 资本成本	资产剥离 清偿
数据表现	无经营史 无财务数据	低收入低利润 公司规模较小	数据的变动依靠管理的变动	衰退的收入 负利润
典型估值方法	P/研发 实物期权 人工智能估值＝算法×人才	PS PE PEG EV/EBITDA P/FCF DCF P/研发 市场分析法 预期收益分析法等	PE PB EV/EBITDA P/FCF DCF 等	PE PB DCF

从企业的生命周期来看，科创板上市企业可能更偏向于成长期，除考虑市值、财务、流动性因素外，其估值可能更多参考行业属性、研发和未来发展预测。初期的科创类企业，可能面临盈利难、对标企业稀少、缺乏有形的商业化产品等估值困境，单纯依靠 P/E 这项指标无法准确估值，此类情况下我们倾向采用 P/S、P/B、P/研发支出与其他面向新兴行业的特有方法进行估值。

行业属性方面，如人工智能、计算机等，在估值时更看重算法、数据、流量等核心竞争力指标；在研发方面，除去研发费用等指标，还可以关注部分难以量化的估值考量，如创始团队的背景和能力（如国家千人计划、两院院士、长江学者、享受国务院特殊补贴专家等）、投资人的背景（如国家集成电路产业投资基金等）、知识产权。

案例 5-4　科创板受理公司预计估值及方法

1. 容百科技：PB 估值法

容百科技作为从事锂电池正极材料专业化研发与经营的跨国型集团公司，是国内领先的锂电池正极材料供应商，成为国内首家实现高镍产品（9NCM811）量产的正极材料生产企业，NCM811 产品技术与生产规模均处于全球领先。采用预计市值不低于 30 亿元人民币，且最近一年营业收入不低于 3 亿元人民币的第四类上市标准。

考虑公司营收和净利润增速仍处于一个相对快速增长的状态，所处行业也仍处于快速发展阶段，但公司业务的毛（净）利率相对较低，营收体量相对较大，因此采用 PE 或 PS 方法测量容易高估公司。此外，公司的核心客户为汽车制造业，存在一定周期性，故综合考虑建议采用参考并购或类似上市公司的 PB 及行业 PB 均值，预计 PB 范围 2.7~4.0X。

2. 睿创微纳：PE 估值

睿创微纳作为在百万级像素红外 MEMS 芯片、12 微米及 17 微米探测器领域有多项突破的公司，其所掌握的非制冷红外芯片设计技术仅 4 个国家拥有。公司采用预计市值不低于 10 亿元人民币，最近一年净利润为正且营业收入不低于 1 亿元人民币的第一类创业板上市标准，说明公司对自己的盈利能力有信心，可作为成熟期科技企业进行预测估值。

从全球行业估值来看，A 股中值处于相对高位，因此，采用 A 股指数值符合科创板市场情绪。目前，A 股存在两家类似公司高德红外（PE 132.67，PS 16.06）、大立科技动态（PE 71.99，PS 8.86），两者 PE 差距小于 PS，因此建议采用 PE 估值，考虑到公司研发人员占比达 37.4%，研发能力较强（专利数低于高德红外），外加科创板的情绪波动，预计睿创微纳的估值在两者的中间偏高位，PE 为 80~110，市值为 100~137 亿元。

3. 江苏北人：PS 估值

江苏北人作为工业计算机集成技术提供商，采用预计市值不低于 10 亿元人民币、最近两年净利润为正且累计不低于 5000 万元的上市规则，宜采用可比公司 PE 估值法。

目前，虽然公司工业机器人集成业务技术与模式已较为成熟，其中在汽车制造流程中的焊接部分自动化产品渗透率已经非常高，但未来在工业机械方面，存在技术延伸的可能。目前，虽然运营模式与A股同类公司比较类似，但是A股同类公司的PE波动相对较大，而PS区间则相对明确，多在5-10间。此外，对比全球市场工业机械PE和PS估值，A股估值相对较高，因此采用A股同类PS估值相对符合国内科创板行情。因此建议参考国内A股公司PS估值，PS为5~10X，市值为20~41亿元。

4. 科前生物：PE估值法

科前生物作为一家专注于兽用生物制品研发、生产、销售及动物防疫技术服务的生物医药企业，其主要产品是猪用疫苗和禽用疫苗，目前共取得多项新兽药注册证书，处于行业领先地位。公司采用预计市值不低于10亿元人民币，最近两年净利润均为正且累计净利润不低于5000万元人民币的上市标准。

从公司财务数据来看，营收和净利润增速均出现下降，但是公司的毛利率、净利率相对较高，财务质量相对较好。外加公司在手专利与上市产品的口碑均处于行业领先地位，动物疫苗行业发展也相对成熟，我们认为可采用PE估值法，目前动物疫苗行业中值PE在26~30之间，考虑科创板的市场情绪及全球市场生物科技行业PE均值，我们预计公司PE为30~50X，预计公司市值为117-195亿元。

5. 天奈科技：PEG估值/PE估值

天奈科技作为从事纳米级碳材料及相关产品的研发、生产及销售的高新技术企业，是中国最大的碳纳米管生产企业，在碳纳米管及其相关复合材料领域处于全球领先水平。公司采用预计市值不低于10亿元人民币，最近两年净利润均为正且累计净利润不低于5000万元人民币的第一类上市标准。

考虑目前公司营收和净利润增速仍处于相对快速增长的状态，所处行业也仍处于快速发展阶段，因此考虑未来公司收入存在快速增长可能性相对较大，故可以参照可比公司快速发展阶段、结合公司未来增长预期的PEG估值方法对现有业务进行估值。此外，考虑公司选择净利润标准的上市规则，及全球行业PE、PS指数对比，PE均值相对稳定，考虑公司技术处于全球领先水平，公司可用A股行业PE均值偏上估算，PE为45~55X，市值为30~37亿元。

（五）如何提高公司估值

1. 绩效管理

企业创造的价值是由大大小小的决定累积起来的，企业需要一个系统来保证价值创造相关的决定与企业短期和长期目标一致。绩效管理的各个部分和企业的长期策略相协同，能鼓励经营者和参与者作出对企业价值最大化的决策。

2. 并购与剥离

并购与剥离是企业对于社会资源的再整合，并购整合与公司拥有更强契合性的业务，剥离表现不好或协同性不强的业务，使公司利用更合理的资本结构创造更大的价值。

3. 市场沟通

作为一家非上市企业，想要获得融资必须增强与市场的沟通，争取获得市场公允的融资价格。

应该注意的是，估值并不是越高越好。公司估值过高，投资者勉强进来，对公司今后犯错误或走弯路的容忍度就较低，也不利于后续投资者的引进。因此，引进战略投资者，公司和投资者都要放平心态，不仅在公司估值上寻求双方都认可的平衡点，更要把公司未来的发展作为首要因素考虑，不要把精力只放在价格上。成交后忘掉价格，永远不要同别人比，因为最后的成交价格如何，涉及因素太多，要相信市场的有效性。企业家和战略投资者需要做的是共同为公司价值的最大化而努力。

第二节　股权激励

股权激励[①]的根本目的是优化企业资源配置、提升企业竞争力、实现可持续发展。它能将企业短期利益和长远利益有效结合起来，使企业核心员工站在所有者立场上思考企业发展，从而达到企业所有者和经营者等核心员工收益共同提升的双赢目的。

从本质上讲，股权激励是原有股东与被激励对象的一次"交易"，原

---

① 股权激励是指企业通过在一定条件下，以特定方式赋予企业员工（特别是高级管理人员和业务骨干）一定数量的企业股权进行激励的一种制度。

有股东拿出股权,也就是企业长期发展的参与和受益机会以及共享企业的控制权,与被激励对象进行"交易",获得被激励对象的专业技能和对企业的忠诚,形成新老股东共治的局面。

一、股权激励的意义

(一)创造企业利益共同体

股权激励将所有者与经营者的利益联系在一起。实施股权激励的结果是企业经营者和所有者有共同的利益取向,形成利益共同体。

(二)吸引人才、留住人才

实施股权激励可以让员工分享企业成长所带来的收益,增强员工归属感和认同感,激发员工的积极性和创造性。股权激励制度还是企业吸引优秀人才的有力武器,为新员工预留同样的激励条件,可给新员工很强的利益预期,具有相当大的吸引力,从而集聚大批优秀人才。

(三)产生有效的业绩激励

核心员工成为公司股东后,能够分享高风险经营带来的高收益,有利于激发管理人员的竞争意识和创造性,促使其发挥潜力,大胆进行技术创新和管理创新,提高企业的经营业绩和核心竞争能力,保证未来发展。

(四)促使经营者关注企业长期发展,减少短期行为

股权激励的部分奖励是在卸任后延期实现的,这就要求经营者不仅关心如何在任期内提高业绩,而且必须关注企业的长远发展,以保证获得延期收入。由此可以进一步弱化经营者的短期化行为,更有利于提高企业在未来创造价值的能力和长远竞争能力。

二、股权激励的模式

股权激励的模式如表 5-4 所示。

表 5-4 九种激励模式内在特性的比较分析

激励模式	短期激励性	长期激励性	约束性	现金流压力	市场风险影响
股票期权	弱	强	强	弱	强
股份期权	弱	强	强	弱	强
业绩股票	强	强	一般	一般	一般

续表

激励模式	短期激励性	长期激励性	约束性	现金流压力	市场风险影响
业绩单位	强	弱	弱	强	弱
限制性股票	弱	一般	强	弱	一般
虚拟股票	强	一般	一般	强	一般
股票增值权	一般	一般	一般	强	强
延期支付	一般	强	一般	强	一般
员工持股计划	一般	一般	一般	弱	一般

股权激励模式多种多样，各有利弊，只有根据企业自身特性，结合各自激励模式的作用机理，选择适合企业实际发展并能有效实行的激励方式，才能保证其可行性及有效性。在选择激励模式时，具体需要考虑的公司自身因素如下：

1. 激励对象的人数

根据《公司法》的规定，有限责任公司股东人数不能超过50人。若有限责任公司预计激励后的股东人数将超过50人，则不适合采用认股权或实际持有公司股份的激励模式，如期权、股票等，而应采用利润分红型的虚拟股权激励模式。

对于非上市的股份有限公司，《公司法》未规定股东人数上限，公司可以更灵活地选择激励模式。

2. 现有股东的影响

股权激励存在引入新股东的可能性，从而可能稀释现有股东的股权比例，导致公司股权架构发生变化。因此有必要与现有股东事先就股权架构、股权比例的影响进行沟通，在现有股东同意的情况下引入激励对象作为新股东，形成新的股权架构。

3. 经营状况

公司的经营状况也会影响激励模式的选择，如果公司经营状况较不明朗，员工对公司的前景存在不确定性，他们往往更看重工资和福利待遇等现有收益。因此，公司应该选择具有福利补充性质，不需要员工出资购买的虚拟股权、股票增值权等。

4. 公司发展阶段

公司发展越初期，面临的风险越多越复杂，对经营者、核心技术人员的依赖程度也越高，越需要采用业绩股票、员工持股计划等股权形式方式留住人才，稳定发展。公司发展进入成熟状态后，可以适当扩大激励范围，同时以保障公司的业绩增长为前提，此时，适合期权、业绩股票等与公司业绩或个人业绩挂钩的激励方式。

三、股权激励的方案设计

现代企业制度不断完善，股权激励模式多种多样，但只有制定针对性的、权利义务相匹配、激励充分、风险可控的长期激励方案，才能真正起到股权激励应有的作用，为公司长期发展奠定基础。股权激励的方案设计往往包括模式、对象、来源、额度、价格、时间、条件等因素。

确定激励对象须以企业战略目标为导向，即选择对企业战略最具价值的人。一般来讲，公司进行股权激励的对象范围有主要高管、管理层及骨干、员工三种，公司需要根据各自的实际情况选择适合的激励对象范围。选人其实是为企业的未来发展选择合适的人力资本。股权激励的本质是吸引能为企业未来发展创造价值的人才，现在能胜任的人才并不代表就是适合企业未来发展的人才，即企业需要激励的人才。选人的关键不是简单的、静态的论功行赏，而是如何通过一定的机制设计，激励人才在"赛跑"中脱颖而出。

股权激励总额是方案设计中值得公司考虑的问题。激励人数越多，激励额度越大，产生的积极激励效应也越大；战略目标较难实现，需要较大的激励额度才能产生与之匹配的激励效果。除此之外，公司股权激励总额还要考虑公司发展阶段、竞争对手的激励程度、净资产水平等，股权激励的总额需要根据公司整体情况进行规划，除了考虑现有激励对象，还要考虑未来人才引进的预留部分，一般来说，激励总额可以控制在股本总额的15%以内。

股权激励价格是方案设计时另一个关系公司及激励对象切身利益的考虑因素。因此，在确定激励标的价格时，既要考虑激励对象的承受能力，也要考虑保护现有股东的合法权益。此部分的标的定价可以参见上文公司估值部分。

股权激励的时间包括两方面内容：一是根据企业不同发展阶段确定股权激励的时间；二是确定股权激励实施的时间。例如：是否分期实施？分几期？每期多长时间？最佳的授予与行权时间？定时一般不能太短，也不宜太长。确定股权激励的时间，还要考虑企业的发展速度以及外部资本市场的运行规律，使股权激励方案能在合适的时候发挥合适的效用。

除此之外，企业应在规定的期限内对激励对象获得股权设定一定的约束条件，如必须满足业绩指标、个人考核指标等。这既是对选人的保障手段，也是激励核心员工、说服其他员工的重要手段。股权激励一般设置两类条件：一是公司整体业绩条件，多为财务性指标；二是个人业绩考核指标，根据每个人的工作特点不同。在设置整体业绩条件时，需要参考公司历年业绩状况、行业发展状况和业绩水平等因素。

案例 5-5 科创板硅产业期权激励计划（续）

公司和激励对象同时满足以下条件时，公司方可依据《股票期权激励计划》约定的 1/3、1/3、1/3 生效对应批次的激励。具体如下：

1. 公司应达到以下业绩条件：

生效期	业绩考核目标
第一个生效期	（1）2020 年，300mm 正片的年销量不低于 30 万片； （2）2020 年，净利润不低于 1000 万元人民币； （3）2020 年，营业收入增长率不低于 8%
第二个生效期	（1）2021 年，300mm 正片的年销量不低于 60 万片； （2）2021 年，净利润增长率不低于 10%，并不低于 1100 万元人民币； （3）2021 年，营业收入增长率不低于 8%
第三个生效期	（1）2022 年，300mm 正片的年销量不低于 120 万片； （2）2022 年，净利润增长率不低于 10%，并不低于 1200 万元人民币； （3）2022 年，营业收入增长率不低于 8%

2.激励对象个人考核条件

激励对象个人考核应满足公司审议通过的《股票期权激励计划实施考核管理办法》的相关规定,各批次股票期权生效前一年度激励对象个人考核评价结果分别对应该批次生效比例如下表所示:

考核等级	个人实际生效股票期权数量占本批应生效股票期权数量的比例
B 及以上	100%
C	80%
D~E	0%

四、股权激励与公司控制权的关系

股权激励有多种积极效应,最重要的是增强员工归属感和认同感,激发员工的积极性和创造性,从而提高企业在未来创造价值的能力和长远竞争能力。但股权激励也存在一定弊端,可能导致公司所有者由于股份的过分稀释而丧失控制权。本节将介绍几种稳定公司控制权的有效手段。

(一)表决权差异安排

表决权差异是将股份分为两种类型,其中外部投资者持有的每股普通股拥有 1 票表决权,公司创始人或管理者持有的普通股,每股拥有 N 票(通常为 10 票)表决权。这样在公司获得外部融资或者设计股权激励时,虽然稀释了创始人或原控股股东的股权,但其仍能通过表决权差异的制度安排,保留足够的表决权来控制公司。我国的股份公司中使用表决权差异制度安排的公司,已在上交所科创板建立之时迎来了上市新机遇。

根据《上海证券交易所科创板股票上市规则》的规定,发行人依照《公司法》第 131 条的规定,在一般规定的普通股份之外,发行拥有特别表决权的股份。每一特别表决权股份拥有的表决权数量大于每一普通股份拥有的表决权数量,其他股东权利与普通股份相同。科创板对表决权差异安排体现了一定程度的包容性,也作出了较为严苛的规范。

一是设置更为严格的前提条件:发行人作出的表决权差异安排必须经出席股东大会的股东所持 2/3 以上表决权通过;表决权差异安排在上市前

至少稳定运行1个完整会计年度；发行人须具有相对较高的市值规模。

二是拥有特别表决权的主体资格和后续变动：相关股东应当对公司发展或者业绩增长做出重大贡献，并且在公司上市前及上市后持续担任公司董事；特别表决权股份不得在二级市场进行交易；持有人不符合主体资格或者特别表决权一经转让即永久转换为普通股份；不得提高特别表决权的既定比例。

三是保障普通投票权股东的合法权利：除表决权数量外其他股东权利相同，普通股份表决权应当达到最低比例，召开股东大会和提出股东大会议案所需持股比例及计算方式，重大事项上限制特别表决权的行使。

四是强化内外部监督机制：公司需要充分披露表决权差异安排的实施和变化情况，监事会对表决权差异安排的设置和运行出具专项意见，禁止滥用特别表决权。

案例5-6　科创板优刻得（688158.SH）表决权差异安排

优刻得的股权较为分散，最高持股比例为13.96%。在公司最重要的控股股东和实际控制人方面，是三个自然人股东通过一致行动人协议的方式实现的。三个自然人股东共同签署了《一致行动协议》，对未来继续保持公司的共同控制地位做了一致行动安排，合计共持有发行人29.7305%的股份。

但三人对公司的控制不仅仅体现在《一致行动协议》上，还有特殊表决权安排。根据优刻得的特殊表决权安排（表决权差异安排），因表决权不同，分为A类股份和B类股份。每份A类股份拥有的表决权数量为每份B类股份拥有的表决权的5倍。在设置完特殊表决权安排后，三个自然人股东通过一致行动人协议，掌握公司至少64.71%的表决权（未考虑三人间接持股的B类股份）。这便是表决权差异安排在公司控制权方面表现的魅力所在。

然而为符合科创板对特别表决权股份的规定，这5倍的特殊投票权也不是在所有事项上都按照不同投票权来表决。《优刻得公司章程》第77条规定：股东大会就下述事宜的议案进行表决时，每一A类股份享有的表决权数量应当与每一B类股份的表决权数量相同，即均可投一票：①对《公司章程》作出修改；②改变A类股份享有的表决权数量；③聘请或者解聘公司的独立董事；④聘请或者解聘为公司定期报告出具审计意见的会计师事务所；⑤公司合并、分立、解散或者变更公司形式。

这5倍的投票权倍数，也不是一成不变的，首先可以通过股东大会表决进行修改，但是《优刻得公司章程》中规定，股东大会对"改变A类股份享有的表决权数量"作出决议，应当经过不低于出席会议的股东所持表决权的2/3以上通过。《优刻得公司章程》第20条规定：持有A类股份的股东向他人转让所持有的相应A类股份，或者将相应A类股份的表决权委托他人行使的，则A类股份应当按照1：1的比例转换为B类股份。也就是说，在存在特殊投票权股东变化的情况下，所持有的特殊投票权将灭失。

表决权差异安排有利于加强创始人对公司的控制权，防止外部融资之后的控制权稀释，这也更加有利于公司管理层、创始人更加专心地投入到公司的运营决策中，提高决策效率。此外，创始人也会更加注重公司长远的投资。

不过，值得注意的是，从保护投资者的角度来看，"同股不同权"有一个根本性的缺陷，那就是违背了现代公司的股东治理结构，不利于股东利益保障，容易导致管理过程中发生独裁的可能。有投资者担心，公司的一小部分人，因为拥有绝对的权利，他们可以按照自己的偏好制定经营战略，甚至可以利用控制权进行关联交易，转移公司财产。也正因为如此，同股不同权制度在发展过程中，一度引起了诸多公众争议和投资者的质疑，因此，一般非上市阶段实施的公司比较少，比较知名的有贾跃亭的FF、比特大陆、B站，大多数公司都是上市前设置表决权差异安排，上市后实行。原因可能是投资人在早期不同意给创始人特权，上市后投资人要套现，放宽对创始人特权的限制。

（二）投票权委托

投票权委托是指通过协议约定，股东将其持有股份对应的投票权委托给另一特定股东行使，接受委托的股东便可以行使比自己股份更大的投票权利，从而在公司决策中拥有更大的影响力或控制权。投票权委托的常见表现形式包括表决权委托和一致行动协议。

表决权委托是指通过协议把投资人或小股东的表决权归集到创始人手上，增加创始人手中的表决权数量，保证其对公司经营决策的控制权。

一致行动协议内容通常体现为一致行动人同意在其作为公司股东期间，在行使提案权、表决权等股东权利时，以其中某方意见作为一致行动意见，作出相同的意思表示，以巩固该方在公司中的控制地位。一致行动旨在约定一致行动人在股东大会、董事会的提案、表决等行为上保持一致，因此在一致行动协议中应该明确一致表决意见形成的方式及矛盾解决的有效方式。

（三）有限合伙架构

有限合伙企业由有限合伙人与普通合伙人共同组成。若让股东成为有限合伙人，通过有限合伙企业间接持有公司股份，同时创始人或其控制企业作为普通合伙人，控制整个有限合伙企业，并通过合伙企业持有和控制公司的部分股权。此时，其他有限合伙人作为公司的间接股东，只享有经济收益而不参与有限合伙的日常管理，也就无法通过有限合伙影响公司决策。

五、股权激励的注意事项

根据劳动合同法的规定，如果劳动者违反与用人单位达成的竞业禁止约定，应当按照约定向用人单位支付违约金，因此公司有必要在实施股权激励时要求员工出具承诺函，承诺一定期间内不得离职，否则公司有权要求离职员工支付违约金。

对于未按期履行出资义务的创始股东，为防止激励对象以创始人未缴足出资为由，向其主张违约责任，创始人应在实施股权激励计划前弥补未缴足的出资瑕疵。

根据税法的规定，股权转让利得需缴纳个人所得税。若以股权转让方式进行股权激励，转让价格应当按照公平交易的原则确定，转让价格至少不得低于转让标的股权对应的公司净资产，否则有可能被税务机关核定转让收入。

六、采用股权激励机制的拟上市企业应关注的问题

（一）监管机构对拟上市企业的规定

根据《首次公开发行股票并上市管理办法》《首次公开发行股票并在创业板上市管理办法》的相关规定，发行人应当股权清晰，控股股东和受控股股东、实际控制人支配的股东持有的发行人股份不存在重大权属纠纷。基于上述规定，公司在IPO申报前，无论股权激励计划实际执行了多长时间，为避免对上市进程造成影响，对于未实施完毕的股权激励计划通常需选择加速行权或终止（收回注销）。

如选择加速行权，对于员工来讲则需要短期内筹措大量资金，资金来源将成为一个棘手的问题，同时未来上市的不确定性也可能对实际出资的员工产生一定的心理负担；对于拟上市公司来讲，加速行权不仅会导致公司既定的约束、激励员工的目的难以实现，同时可能导致拟上市报告期内产生大额股份支付的问题，影响当期业绩，进而可能对上市估值造成不利影响，甚至可能因此造成业绩亏损而不满足上市条件。因此，拟上市公司的股权激励计划需与公司的上市计划结合考虑，提前筹划。

上交所科创板目前已解决了上述问题，通过引入申报前制定、上市后实施的期权激励计划，不再要求上市申报前需清理未实施完毕的股权激励计划。在此期权计划中，拟上市公司可以按照既定的约束机制实施期权激励，同时员工无须在上市申报前实际行权出资，也不会一次性产生大量的股份支付。

（二）其他关注点

（1）股权激励方案相关决议、文件等资料是否符合《公司法》及相关法律法规以及公司章程的规定，确保企业股权激励方案决策程序的合法性；

（2）是否存在代持股问题；

（3）是否存在不具有主体资格的被激励者参与股权激励的情形；

（4）管理层或员工用于购买企业股份的资金来源是否合法，是否由企

业垫付资金购买股份；

（5）股权是否清晰，股权结构是否安全和稳定；

（6）对管理层进行股权激励时要求股权受让方签订相关的承诺书是否合法；

（7）股份支付会相应影响当期利润等财务指标，需注意是否实施了股权激励后导致企业无法满足上市条件或影响上市进程等。

第六章

申报前其他重点关注事项

第六章 申报前其他重点关注事项

第一节 上市辅导

一、上市辅导简介

上市辅导[①]的意义在于使公司建立比较完善的法人治理结构,公司董事、监事、高级管理人员以及其他相关人员等全面系统地理解和掌握与发行上市有关的法律法规、证券市场规范运作和信息披露要求,进而使公司基本具备进入证券市场的条件。

企业上市辅导形式多样,可以是现场查看、与董监高等谈话、集中授课培训等多种形式。IPO 的辅导时间原则上不能少于 3 个月,但也存在特殊情况,首批科创板就出现辅导期少于 3 个月的情况,例如:①中微半导体设备(上海)股份有限公司科创板上市辅导期大致为 2019 年 1 月至 3 月(辅导团队:海通证券、长江证券+普华永道会计师事务所+方达律师事务所)。②杭州启明医疗器械股份有限公司科创板上市辅导期大致为 2019 年 3 月至 4 月(辅导团队:中金公司+安永华明会计师事务所+金杜律师事务所)。

案例 6-1 中微半导体申报科创板辅导

中微半导体设备(上海)股份有限公司(以下简称中微公司)成立于 2004 年 5 月,主要为集成电路、LED 芯片、MEMS(微机电系统)等半导体产品的制造企业提供刻蚀设备、MOCVD 设备及其他设备,是第一批申报并成功登录科创板的企业之一。

公司的辅导期情况大致如下:

辅导机构于 2019 年 1 月与中微公司签订了辅导协议。辅导机构根据《证券发行上市保荐业务管理办法》等相关规定,结合公司的实际情况,制订了切实可行的辅导计划及实施方案。2019 年 1 月 8 日,辅导机构向上海证监局报送了中微公司辅导备案登记材料,确定中微公司正式进入辅导程序,辅导备案时间为 2019 年 1 月 8 日。

[①] 上市辅导是指有关机构对拟发行股票并上市的股份有限公司进行的规范化培训、辅导与监督。发行与上市辅导机构由符合条件的证券经营机构担任,原则上应当与代理该公司发行股票的主承销商为同一证券经营机构。

辅导期内，辅导机构根据法律法规及中国证监会的有关规定，本着勤勉尽责、诚实信用、突出重点、责任明确的原则，对中微公司董事、监事、高级管理人员和部分财务管理人员及持股5%以上股份的股东等辅导对象进行了系统全面的辅导培训，使辅导对象理解并掌握股票发行上市有关法律法规、证券市场规范运作、信息披露和履行承诺等的相关要求。

辅导机构组织辅导对象于2019年3月15日进行了书面考试，题目类型包含单项选择题、多项选择题及判断题。辅导对象均以优异的成绩通过了书面考试。辅导机构于2019年3月27日公示了《中微半导体设备（上海）股份有限公司首次公开发行股票并在科创板上市辅导工作总结报告》。

中微公司3个月内即完成了整个上市辅导的必要流程，可见上市辅导的质量与效率可以兼顾。

中国证监会曾经颁布《首次公开发行股票辅导工作办法》（以下简称《辅导办法》），对辅导机构和辅导人员、辅导协议、辅导内容和实施方案、辅导程序、辅导工作的监管等内容进行了详细的规定。但该《辅导办法》已经废止，被《证券发行上市保荐业务管理办法》（以下简称《保荐办法》）替代，而《保荐办法》对于辅导的规定仅有两条。因此，目前实践中的辅导主要是依据当地证监局的工作程序规定及保荐机构内部的相关要求，并参照原《辅导办法》的内容进行。

二、上市辅导主要流程

（一）聘请辅导机构

企业选择辅导机构要综合考察其独立性、资信状况、专业资格、研发力量、市场推广能力、具体承办人员的业务水平等因素。根据《证券经营机构股票承销业务管理办法》（证委发〔1996〕18号）的规定，公司不得聘请持有企业7%以上股份或者是企业前5名股东之一的证券经营机构担任其保荐机构。鉴于辅导机构与保荐机构同一性的考虑，公司也不宜选择上述与公司存在关联关系的证券经营机构担任辅导机构。

（二）辅导机构前期尽调，帮助企业完成股改

按规定，上市辅导应在企业改制重组为股份有限公司后正式开始。但是，股份改制方案是企业发行上市准备的核心内容，也是上市辅导工作的重点。因此多数情况下，除部分因在新三板等场外市场挂牌等原因已完成股份改制的企业外，辅导机构在与企业达成辅导意向后，会先行进行一轮前期尽调，介入企业发行上市方案的总体设计和改制重组的具体操作，协助企业完成股份改制。

（三）与辅导机构签署辅导协议，并登记备案

待改制重组完成、股份公司设立后，企业和辅导机构签订正式的辅导协议，在辅导协议签署后5个工作日内到企业所在地的证监会派出机构办理辅导备案登记手续。辅导协议应明确双方的责任和义务，并列明辅导费用，辅导费用由辅导双方本着公开、合理的原则协商确定，辅导双方均不得以保证公司股票发行上市为条件。

（四）正式开始辅导，定期报送辅导工作备案报告

辅导机构对发行人进行辅导，建议辅导方式可以包括组织自学、集中授课与考试、问题诊断与专业咨询、中介机构协调会、经验交流会等。建议辅导前期重点可以是摸底调查，全面形成并实施具体的辅导方案。辅导中期重点在于集中学习和培训，诊断问题并加以解决。辅导后期重点在于完成辅导计划，进行考核评估，做好IPO申请文件的准备工作。

从辅导开始之日起，辅导机构每3个月向当地证监会派出机构报送1次"辅导工作备案报告"。"辅导工作备案报告"一般包括辅导企业基本情况、辅导工作计划执行情况、辅导工作存在问题及下一步工作计划等，同时报送辅导机构对辅导工作的意见。

（五）辅导机构针对企业问题提出整改建议，督促完成整改

在辅导进程中，辅导机构将及时发现问题，并提出整改方案及整改建议，督促企业尽快完成整改。针对部分较难解决的问题，企业与辅导机构可以尝试与当地政府部门积极沟通协商，共同解决。

（六）辅导书面考试

辅导机构将在辅导期内对接受辅导的人员进行至少1次书面考试，全体应试人员最终考试成绩应合格。

（七）向当地证监局提交辅导评估申请

辅导协议期满，辅导机构如果认为辅导达到计划目标，将向证监会派出机构报送"辅导工作总结报告"，提交辅导评估申请；辅导机构和企业如果认为辅导没有达到计划目标，可向证监会派出机构申请适当延长辅导时间。

（八）证监局验收，出具辅导监管报告

证监会派出机构接到辅导评估申请后，将在20个工作日内完成对辅导工作的评估，如认为合格，将向证监会出具"辅导监管报告"，发表对辅导效果的评估意见，辅导结束；如认为不合格，将酌情要求延长不超过6个月的辅导时间。

三、上市辅导核心内容

辅导期间，辅导机构需按照辅导计划对公司进行辅导，采取的辅导措施有集中学习及自学、问题诊断、专业咨询、中介机构协调会、考试巩固等。辅导内容一般包括以下8个方面：

（一）对公司董事、监事、高级管理人员和部分财务管理人员及持股5%以上（含5%）股份的股东等进行有关法律法规的培训

该方面培训的主要内容有《公司法》《证券法》《证券发行上市保荐业务管理办法》《上海证券交易所科创板股票上市规则》《上市公司治理准则》《证券发行与承销管理办法》《上市公司章程指引》等与股票发行上市和规范运作有关的法律、法规、规章、政策等。

通过培训公司核心人员及主要股东帮助其理解和明确与发行上市有关的法律、法规和政策；理解作为公众上市公司规范运作、信息披露和履行承诺等方面的责任和义务；了解上市公司董事、监事、高管人员的任职条件、产生办法及上市公司董事、监事、高级管理人员以及主要股东的权利、责任、义务等。

（二）协助公司按照《公司法》的规定建立起符合上市公司要求的法人治理结构并使其规范运行

为了帮助公司按照上市公司的要求规范运作，辅导机构需要协助公司建立符合上市公司要求的法人治理结构，包括制定符合上市要求的公司章程，规范公司组织结构，完善内部决策和控制制度以及激励约束机制，健

全公司财务会计制度等，确保公司经营管理合理、规范、有效和在可控的情况下运行。

（三）对公司在设立、改制重组、股权设置、资产评估、资本验证等方面进行尽职核查

辅导机构需要全方位核查企业在股份公司设立、改制重组、股权设置和转让、增资扩股、资产评估、资本验证等方面是否合法，产权关系是否明晰，是否妥善处置了商标、专利、土地、房屋等资产的法律权属问题。

（四）督促公司实现独立运营，做到业务、资产、人员、财务、机构独立完整，主营业务突出

辅导机构及会计师、律师等中介机构通过集中授课、专题讨论等方式使公司董事、监事、高级管理人员和部分财务管理人员、主要股东等进一步了解公司各方面独立完整的概念和要求，并确保最终辅导验收时，公司能完全满足独立运行、主营业务突出、核心竞争力显著的要求。

（五）督促公司规范与主要股东及其他关联方的关联关系

辅导机构将规范公司关联方、关联关系及关联交易的概念和界定标准，关联交易的会计处理规定和方法，关联交易的信息披露标准等问题，督促公司明确与主要股东及其他关联方的关联关系，保证公司发生的关联交易公平、公正。

（六）协助公司建立健全财务管理体系，增强有关人员诚信意识和责任意识，杜绝财务虚假

辅导机构将会同会计师事务所对企业会计准则进行辅导，使公司财务会计人员对公司财务会计理论、制度与实务有更深刻的了解。协助公司按照公司会计制度和上市公司的要求建立科学的财务核算体系、建立符合上市公司要求的财务信息披露框架、制订完善的公司财务制度及系列配套制度。

（七）协助公司建立健全符合上市公司要求的信息披露制度

辅导机构需对公司相关人员进行上市公司信息披露专题培训，包括上市公司信息披露制度、信息披露的内容和格式、信息披露的相关责任等，协助公司建立健全符合《公司法》《证券法》《上海证券交易所科创板股票上市规则》等有关法律法规的规定和上市公司要求的信息披露制度。

（八）协助公司形成明确的业务发展目标和未来发展计划，选择确定募集资金投资项目

辅导机构将与公司董事、监事、高级管理人员进行充分讨论，确定公司近期发展目标和实施计划，特别是结合行业发展趋势，确定公司首次公开发行股票募集资金投资项目和使用计划，制定可行的募股资金投向及其他投资项目的规划。

第二节 募集资金与投资项目

一、募投项目的规划设计

募集资金投资项目的好坏，决定着企业未来的盈利预期和股票的投资价值，不仅直接影响到企业发行上市计划的实现，而且影响到企业上市后的再融资。按照证监会的有关要求，企业上市后募集资金投向频繁变更、资金使用效益较差，将构成企业上市后申请再融资的重要障碍。

一般来说，募集资金应当有明确的用途，企业在设计投资项目时应注意以下4个方面：

（一）募集资金投向符合国家基本政策

公司募集资金投资项目应当符合国家产业政策、固定资产投资、环境保护、土地管理以及其他法律、法规和规章的规定。企业应了解当前国家重点鼓励发展的产业、所在行业的发展导向以及国家明确限制或禁止的领域。

（二）募集资金投向符合公司发展战略、专业化的主营方向

公司的募投项目应与企业长远发展目标一致，能切实有助于企业实现自身制定的发展战略，并充分考虑宏观经济、产业周期变化的规律、跨行业投资有无重大风险。

（三）募投项目具备可行性

募投项目可行与否，一般首先考虑与公司自身相关的可行性因素。例如，公司已掌握募投项目产业化技术；管理人员、专业技术人员储备；过往在相关产品方面的经验积累；企业的发展战略、管理能力和执行力等。

案例 6-2　华熙生物科创板募投项目问询

华熙生物科技股份有限公司（以下简称华熙生物）成立于2000年，是国内较为知名的透明质酸（俗称"玻尿酸"）原料生产商，旗下的"故宫口红"更是成为公众熟知的产品。

华熙生物拟募资30亿元，主要投向三个领域：华熙生物研发中心、华熙天津透明质酸钠生产基地以及华熙生物生命健康产业园项目。细分来看，资金主要投向"化妆品"市场和"医美"市场。

对于华熙生物的募投项目，上交所提问包括："请说明发行人已有的核心技术是否足够支持募投项目的建设，分析募投项目建设完成后对发行人主营业务的影响，是否能够提升发行人的技术实力及核心竞争力。"

公司回复要点：

（1）发行人核心技术足够支持募投项目的建设和生产。本次募集资金投资项目围绕公司主营业务开展，主要包括研发体系的升级改造，以及透明质酸原料及衍生物、医疗终端产品及功能性护肤品的生产线建设。本次募投项目规划产品主要为公司现有产品的扩产，公司现有技术及管理能力能够支持募投项目的建设和生产。公司主要技术包括：国际领先的微生物发酵法生产透明质酸技术；国际上首次使用微生物酶切法大规模生产低分子量透明质酸及寡聚透明质酸；透明质酸高效交联技术突破；玻璃酸钠注射液国内率先采用终端灭菌技术；基于自产生物活性物质的功能性护肤品研发能力；次抛产品无菌BFS技术等。

（2）募投项目有利于提升发行人的技术实力及核心竞争力。本次募集资金投资项目围绕公司主营业务开展，包括对于现有研发体系的升级改造，以及主营业务产品的产能扩张，透明质酸原料及终端新品生产线建设。本次募集资金投资项目建设有助于公司扩大主营业务规模，增强核心竞争力，并提升市场地位。

公司核心技术是否足够支持募投项目的建设是证监会及上交所相当常见的问询之一。通常认为，公司自身素质的积累对募投项目最终的成功与否至关重要。公司在回复时应注意全面客观专业地分析自身技术储备情况。

其次，应考虑募投项目的市场可行性，即目标市场未来容量及发展动态；市场需求的具体产品类型；目标市场产品、技术的可替代性；募投产品的比较优势或某种适销性等。对市场可行性的分析，主要目的在于论证募投项目产能消化的合理性以及企业赖以长期发展的外部环境不会出现重大不利变化。

（四）募投项目具备合理性

公司募投项目一般可有以下几个方向：主营业务技改与扩展、新兴业务产业化、营销网络与电子商务、物流与信息化、研发中心、补流与还贷。具体募投项目编排设计时要考虑企业与行业的具体情况，证监会既要求项目具有较高的成熟度，又要求项目具有良好前景，因此具体设计时紧扣"实施风险"与"未来前景"两个核心要素进行设计，保证项目的技术、市场前景、运营模式、比例构成均较为合理。

二、募投项目的关注要点及风险规避

以科创板为例，对已过会公司收到的有关募投项目反馈信息进行梳理，据此总结证监会对IPO公司募投项目主要关注以下几点：

（一）扩大产能方面

（1）扩能的必要性、合理性及可行性；

（2）募投项目产能的测算依据；

（3）对产业市场进行预测，分析所扩产能能否被有效地消化吸收；

（4）综合考虑产品现销及未来销售状况，阐述扩能产品年均收入计算过程；

（5）租赁厂房并对其进行装修改造用以扩大生产，需确定租赁面积、租期及租金，签订租赁合同，明确房产所有人是否同意对厂房进行装修改造，以及投入大额资金进行装修改造的合理性；

（6）所选扩能产品是否具有良好的发展前景，有无技术迭代等风险；

（7）若所选扩能产品或服务并非公司主营产品或服务，需说明其与公司主营产品之间的关联性；

（8）若对新产品进行扩大生产，需说明是否有技术储备和产品认证证书，产品投产后产生效益的时间等。

案例6-3　心脉医疗科创板募投项目问询

上海微创心脉医疗科技股份有限公司（以下简称心脉医疗）是港股上市公司微创医疗控股子公司，公司成立于2012年，致力于主动脉及外周血管介入医疗器械的研发、制造、销售，主营产品为主动脉覆膜支架系统、术中支架系统、外周血管支架系统、外周血管球囊扩张导管等。

针对心脉医疗的募投项目——生产销售主动脉支架，上交所提问："我国主动脉介入医疗器械市场规模总体较小，发行人目前产能利用率较低，结合现有产能利用率、产销率及市场容量情况，分析本次扩张主动脉介入医疗器械产能的必要性，是否会造成产能过剩，募投项目达产后新增产能消化的具体措施。"

公司回复要点：

（1）主动脉介入医疗器械市场需求持续扩大，随着我国主动脉疾病筛查技术不断发展、临床经验不断提升、人民健康意识的不断提高，未来我国主动脉介入医疗器械市场规模将持续提升。考虑到创新型产品的陆续上市将拓展微创伤介入治疗的适应证，并且国产产品的价格优势将加速医疗器械的国产化进程，预计我国主动脉介入市场规模增速会进一步提高；同时，公司也在积极开拓海外市场，将市场范围不断扩大，公司继续扩张相关产品产能以持续满足不断增长的国内外市场需求。

（2）公司产品产销率快速增长，产能利用率不断提高。报告期内，公司主动脉支架类产品及术中支架类产品的合计销量从2016年的10353个增加至2018年的17773个，年均复合增长率为31.02%。公司产品产量快速增加，综合产能利用率已从39.59%增加至73.86%，预计产能利用率很快将达到90%以上。考虑到公司生产线的建设存在一定建设周期，需要在相关产品正式获证上市之前提前进行生产线的布局。

（3）新产品的推出需要新建产线予以保证。本次拟实施的"主动脉及外周血管介入医疗器械产业化项目"涉及公司多项核心产品的产业化，不断推出升级换代的改进产品或创新产品是公司核心竞争力的重要保证。

（4）新增产能消化的具体措施包括：提升公司竞争力，扩大市场份额；深化营销渠道布局，开发市场增量；完善营销网络建设，提高客户服务能力等。

根据心脉医疗的披露信息，2016—2018年其产能利用率分别为39.59%、54.07%和73.86%。产能利用率虽然逐年上升，但总体并不算高。因此，在市场整体规模较小的情况下，募资扩产后，是否会造成产能过剩成为上交所关注的问题。公司回复时应注意对整体市场及对自身做出合理有据的预期。

（二）研发投入方面

（1）研发资金是否重点投向科技创新领域；

（2）研发过程中技术的难易程度；

（3）研发的基础能力，包括技术、人才积累等；

（4）技术层面专有名词的解释说明；

（5）研发投入的主要用途及测算依据；

（6）研发中心建设的项目资金投入比例是否与公司未来发展战略相契合。

案例6-4 安博通科创板募投项目问询

北京安博通科技股份有限公司（以下简称安博通）成立于2007年，是国内领先的可视化网络安全专用核心系统产品与安全服务提供商。安博通依托于自主开发的应用层可视化网络安全原创技术，围绕核心ABTSPOS网络安全系统平台，为业界众多网络安全产品提供操作系统、业务组件、分析引擎、关键算法、特征库升级等软件支撑及相关的技术服务。

第六章 申报前其他重点关注事项

安博通本次科创板发行拟募集资金 29774 万元，用于"深度网络安全嵌入系统升级与其虚拟资源池化项目""安全可视化与态势感知平台研发及产业化项目""安全应用研发中心与攻防实验室建设项目"。上交所就此发问："募投项目的技术、人力资源储备、募投项目具体的应用领域等，并分析募集资金是否重点投向科技创新领域。"

公司回复要点：

（1）公司的募投项目的技术及人力资源储备情况：为顺应网络安全行业的发展趋势，公司自主研发的网络安全系统平台 ABT SPOS 在传统数据通信网络、下一代信息网络、云安全、安全可视化、智能安全等方向进行研发投入与产业化；为了保障研发创新和产品创新落在实处，对市场需求（如行业客户业务安全需求、新产品需求等）、竞争需求、安全本源技术（如漏洞、攻防技术等）进行研究，公司成立了北京和武汉研发中心，并新设天津网络攻防实验室，研发中心及实验室负责公司安全网关和安全管理产品及安全特征库的专项研究与开发，同时积极跟踪国内外最新网络安全技术与发展趋势。公司核心技术人员，均在网络安全行业从业多年，具有丰富的技术研发经验或产品开发经验。

（2）公司募集资金投向科技创新领域的具体安排：公司依靠自主研发的核心技术开展生产经营，相关核心技术均达到国内先进水平。本次募集资金用于深度网络安全嵌入系统升级与其虚拟资源池化项目、安全可视化与态势感知平台研发及产业化项目、安全应用研发中心与攻防实验室建设项目，上述三个项目全部属于科技创新领域。募投项目实施后将进一步提高公司的科技创新能力，提升核心技术水平及竞争力。对于超募的部分，公司将用于主营业务，重点投向科技创新领域，不直接或间接投资于与主营业务无关的公司。

企业是否具备科创属性一直是科创板审核的核心之一，因此募投项目是否属于科创领域也几乎成为所有科创板相关问询中无法回避的一环。公司回复时应注意全面细致地分析募集资金投向科技创新领域的情形。

（三）固定资产投资方面

（1）披露募投项目建设中新增设备明细，包括设备名称、规格型号、单价、数量等，用以说明项目投资构成的合理性和谨慎性；

（2）固定资产投资的具体内容及用途；

（3）根据公司现有固定资产规模与生产能力的配比情况，对比新增固定资产与生产能力配比的合理性。

（四）募投项目的收益测算

（1）募投项目收益分析的具体计算过程；

（2）结合公司市场份额、销售收入和销量等，说明项目投资回报率和投资回收期。

（五）其他受到重点关注的问题

补充流动资金的必要性及运营管理相关安排的合理性；公司主营业务是否发生变更；项目环保是否符合相关标准或规定，污染处理措施是否有效，有无发生环保事故等。

总体而言，公司在设计募投项目时应当注意的问题主要有以下几个方面：

（1）募集资金投资项目是否存在技术、市场、资源约束、环保、效益等方面的重大风险。对污染比较严重的项目，应就募集资金投资项目是否符合环境保护要求取得省级（或以上）环保部门的意见。

（2）募集资金投资项目的实施是否会产生同业竞争、关联交易等问题，是否存在损害企业和中小股东利益的情况。需要特别关注募集资金投向与关联方合资的项目或募集资金投入使用后与关联方发生的交易。

（3）募集资金不宜投资于全新产品。新产品在技术、生产、销售等方面存在诸多不确定因素，一般情况下不应赞成公司将募集资金全部投资于全新产品，应注意将投资风险控制在一定范围内。

（4）募集资金投资于研发项目或营销网络要格外慎重，注意循序渐进。由于研发项目的投资收益很难衡量，营销网络的大额投资可能改变企业的销售模式。因此，如果要将募集资金投资于营销网络，企业一定要避免与强势企业形成激烈竞争。

（5）募集资金不宜大量补充流动资金募集资金，若用来补充流动资金，一般不宜超过募集资金的10%，如果将超过30%的募集资金用于补充流动资金，很难获得公众投资者认可，导致其对企业的实际经营情况、发展前景产生怀疑。

（6）募集资金投资项目导致企业生产模式发生重大转变时，要做出具体财务测算，应比较两种不同盈利模式对企业盈利能力、发展前景的不同影响。例如，许多轻资产运营的企业上市后都进行大量固定资产投资，扩建厂房、生产线，上市后总资产收益率、净资产收益率大幅下降，这类企业能否顺利渡过转型期将成为一大风险。

（7）募集资金投资规模不宜过大，募集资金投资规模应与企业目前的生产经营、财务状况、管理水平相适应，以不超过企业申报前一年净资产的两倍为宜。

三、募投项目备案

（一）项目备案主体

公司投资项目获取政府行政许可主要有三种形式：审批、核准或备案。审批制，只适用于政府投资项目和使用政府性资金的企业投资项目，此种类型的项目在IPO和再融资中基本不会出现；核准制，是适用于企业不使用政府性资金投资建设的重大项目、针对少数重大项目和限制类项目，以及具有外资背景的企业投资项目，因此，备案制是目前最多见的形式。

一般而言，除了补充流动资金项目（或偿还银行借款、补充营运资金项目）及部分公司涉及营销网络项目、品牌推广项目、技术体系升级项目及连锁零售的募投项目可能无须备案外，多数募投项目完成效益测算后，需进行项目备案。

我国各地募投项目是否需要备案及备案主体各不相同。通常情况下，涉及固定资产投资的新建项目多到发改委备案，技术改造项目多到经信委备案，企业境外投资需到商务部备案。公司可先查询地方性的投资项目备案法规或与当地相关部门沟通，确定项目是否属于备案立项及向哪个政府部门备案。

以上海为例，2018年发布的《上海市政府核准的投资项目目录细则（2017年本）》《上海市政府备案的投资项目目录（2017年本）》对需要核准、备案的项目，及核准备案的主管机关均进行了较为详尽的列举，企业在确定募投项目后可参考上述文件指引进行备案。

募投项目备案时还需注意以下几点：

（1）募投项目备案时需确定单一实施主体，若项目母公司、子公司都有参与，则实施主体不能是双方，只能为母公司或子公司一方。

（2）若项目涉及租赁场地情况，备案前需取得场地租赁合同。

（3）募投项目备案名称需遵循当地有关规定，部分地区要求项目名称必须体现产品与产能，体现新建、改建和扩建等信息，具体可咨询当地备案机关。

（4）募投项目需符合法律法规、产业政策、行业准入等要求，由于各地对部分项目存在特殊要求，会影响备案通过，需具体咨询当地备案机关。

（二）备案流程及时间

"募集资金投资项目的审批、核准或备案文件"是证监会明文规定的上市企业申请材料之一，因此，拟上市企业应根据自己的上市节奏，预留充足的项目备案时间，特别是涉及环评、能评的项目，避免因备案问题导致上市拖沓。

根据《企业投资项目核准和备案管理条例》的规定，自 2017 年 3 月 17 日起，国家及各地发改委在统一的企业投资项目备案平台（http://www.tzxm.gov.cn/bsdt/index.html）上办理投资项目备案与核准业务，目前除了北京、天津等个别省市外，基本全国备案项目均可在该网站申请办理。

大致流程为网上注册/登录→填写备案信息→提交材料→备案通过→自行打印备案文件。若存在提交材料不全的情况，多数在 5 个工作日内即可得到反馈信息，审核部门将通过电话等途径与企业联系并一次性告知所缺资料。公司可登录备案网站实时查看办理流程状态，目前项目备案的办理周期已明显缩短，以上海市为例，若上传的资料完整齐备，从项目提交到备案完成一般仅需 2~5 个工作日。

备案文件有效期一般为 2 年，自签发之日起计算。若企业需要延期，需向备案机关提出申请，若备案文件失效但项目仍需进行建设，需重新备案。项目备案后，若项目实施主体、建设地点、规模、内容发生变化或者放弃项目建设，企业应当及时告知备案机关，并修改相关信息，进行项目变更。

第三节 企业环评

一、企业环评的意义

环评是环境影响评价的简称，主要是对规划和建设项目实施可能造成的环境影响进行分析、预测和评估，提出预防或者减轻不良环境影响的对策和措施，进行跟踪监测的方法与制度。公司环评的合规问题一直是 IPO 中的重点核查事项。

虽然 2014 年 10 月 23 日环保部发布《关于改革调整上市环保核查工作制度的通知》（环发〔2014〕149 号）以来，环保监管部门不再对企业上市申请进行环保前置核查，各地环保局也多数不再出具关于环保问题的合规证明，但这并不意味着企业环评的重要性有所下降。反之，企业更应当注重建设项目的环评以及加强日常的环保监管，便于中介机构依靠公开信息对公司环保状况进行正向的判断评估，并明确得出公司不存在"重大环保合规问题"的结论，避免环评问题成为企业成功上市的绊脚石。

二、环保问题审查要点

尽管环保部门的环保核查不再是前置程序，但证监会对于环保核查的要求实际并没有发生变化，只是核查的责任由原来的环保部门转移至中介机构。企业 IPO 过程中，关于环保问题的主要审核要点如下：

（一）公司日常生产经营活动是否符合环保要求，是否受到过处罚。根据审核实践，如果受到过罚款以上的行政处罚就可能会被界定为重大违法行为，从而导致公司 3 年内不能 IPO，除非有相反证据（中介机构的相关说明及作出处罚的行政机关的证明等）认定该等行政处罚不构成"重大"违法。

（二）公司相关信息披露是否充分，特别是高危险、重污染行业发行人的信息披露情况，最近 3 年的环保投资和相关费用成本支出情况，环保设施实际运行情况以及未来的环保支出情况。

（三）公司本次 IPO 的募集资金投资项目是否符合相关环保政策法规的规定，是否已通过环境影响评价。

（四）公司是否发生环保事故，公司有关污染处理设施的运转是否正常有效，有关环保投入、环保设施及日常治污费用是否与处理公司生产经营所产生的污染相匹配等。

（五）针对重污染企业，将重点核查以下几个方面：

（1）报告期内建设项目和本次募集资金投资项目的环保合规性：环评与"三同时"要求；

（2）排污申报登记和排污许可；

（3）主要污染物总量控制；

（4）污染物排放；

（5）工业固体废物处置和危险废物；

（6）环保设施运维情况；

（7）生产环节中的禁止性或重点防控物质情况；

（8）报告期内环保投入情况；

（9）企业环境保护的内控机制及对新环保法、新颁布的环保标准要求的落实情况。

科创板与传统 IPO 一样，并未放松对企业环保的要求。在上交所对深圳光峰科技的问询中，上交所表示："请发行人补充披露生产经营和募投项目是否符合国家和地方环保要求，是否取得排污许可证等，近三年环保投资和相关费用成本支出情况"；在对中国通号的问询中上交所则提及："公司生产经营与募集资金投资项目是否符合国家和地方环保要求，是否发生环保事故，是否构成重大违法行为，整改措施及整改后是否符合环保法律法规的有关规定"。

三、企业环评流程

2014 年以来，中国的环保主管部门陆续制定或修订了环境保护相应的法律法规，[①]对企业环评及验收程序进行了较为详尽的规定，各地区也根据区域特征制定了下位法。

以上海为例，上海先后颁布了《〈建设项目环境影响评价分类管理名录〉上海市实施细化规定（2018 年版）》《上海市建设项目环境影响评价分

---

① 《中华人民共和国环境保护法》《中华人民共和国环境噪声污染防治法》《中华人民共和国水污染防治法》《中华人民共和国大气污染防治法》《中华人民共和国环境影响评价法》《建设项目环境保护管理条例》《建设项目竣工环境保护验收管理办法》及《建设项目竣工环境保护验收暂行办法》等。

类管理重点行业名录（2019年版）》《上海市不纳入建设项目环评管理的项目类型（2019年版）》《本市环境影响评价制度改革实施意见》《上海市实施〈中华人民共和国环境影响评价法〉办法（征求意见稿）》。

公司可先根据名录判断项目所属的名录分类，再根据指引登录上海市环保局官网（http://www.sepb.gov.cn），填写备案信息，办理环评手续，点击提交后，系统自动生成备案号，同时对外公示。

环评报告书项目编制阶段，只需公示2次，累计公示时间不少于10个工作日，且不再开展入户问卷调查。环评报告书项目审批阶段，审批部门应通过政府网站发布相关审批信息。审批过程中，始终保持环评文件有关信息处于公开状态。

企业自主环评流程如图6-1所示。

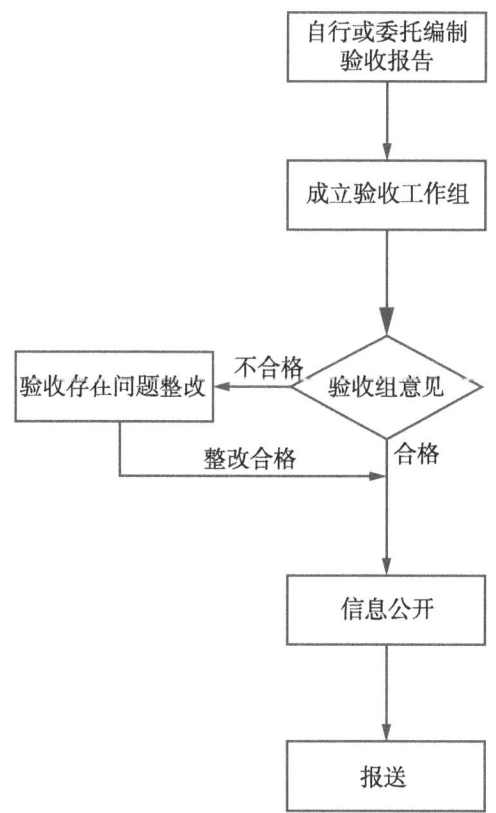

图6-1 企业自主环评流程

此外，针对募投项目的环评问题，自 2017 年 10 月 1 日起施行的《国务院关于修改〈建设项目环境保护管理条例〉的决定》，将环境影响登记表由审批制改为备案制，将环境影响报告书、报告表的报批时间由可行性研究阶段调整为开工建设前，即拟 IPO 企业募集资金投资拟建项目在报会时不需要事先获得环境保护行政主管部门审批文件，环评批复已不再是报会的必备文件，而只要在开工前获得环境保护行政主管部门审批即可。

第四节　合规性证明文件办理

一、合规证明的意义

相关法律法规和相关企业上市要求中明确指出，公司的主要资产不得存在重大权属纠纷，公司的生产经营符合法律、行政法规和公司章程的规定，符合国家产业政策，最近 3 年内不得有重大违法行为以及企业董事、监事和高级管理人员符合法律、行政法规和规章规定的任职资格。

因此，除企业及相关人员自身出具无违法违规的承诺外，有时会需要借助政府部门的确认来予以佐证。随着网络核查手段的逐渐丰富，信息信用系统的逐步完善，合法合规证明作为一种企业合规性的佐证及背书性文件，其效力及必要性在如今的上市环境下已逐步被淡化。

二、合规证明的种类

企业需要根据自身行业及历史沿革情况，结合中介机构的尽调结果来判断具体需要取得何种合规证明。以上海为例，在此仅对通常企业可能需要的合规证明进行简单介绍，具体请以各部门受理口径为准。

（一）常规性政府证明性文件

序号	主管政府机构	备注（覆盖报告期）
1	市场监督管理局	关于公司不存在违反工商行政管理相关规定的证明文件
2	国税局、地税局（区级以上）	关于公司不存在违反国家税收规定的证明文件
3	人力资源与社会保障局（区级以上）	关于公司不存在违反国家劳动保障相关规定的证明文件

续表

序号	主管政府机构	备注（覆盖报告期）
4	公积金管理中心（区级以上）	关于公司不存在违反国家公积金管理相关规定的证明文件
5	主要经营场所地消防大队（区级以上）	关于公司主要经营场所已取得必要的消防验收或备案的证明文件
6	住所地人民法院（基层及以上）	关于公司不存在重大未决诉讼的证明文件或核查记录
7	自然人股东、董事、监事、高级管理人员户籍所在地派出所	无犯罪记录证明

（二）部分公司整体变更时可能需要取得的政府证明性文件

序号	公司性质	主管政府机构	备注
1	公司属于国有股东出资单位	主管国有资产监督管理部门	关于同意公司整体变更为股份公司、确认国有股权管理方案、同意申报首发上市的批复文件
2	公司属于外商投资企业	地方人民政府商务主管部门（区级）	关于同意公司整体变更为股份公司的批复文件
3	公司业务涉密	国防科学技术工业委员会	关于同意公司整体变更及首发上市的批复文件

（三）根据公司业务具体情况可能需要取得的政府证明性文件

序号	业务特征	主管政府机构	备注（覆盖报告期）
1	业务涉及进出口	海关	关于公司不存在违反进出口业务相关规定的证明性文件
2	存在境外股东及外汇资金往来	国家外汇管理局上海市分局	关于公司不存在违反外汇管理相关规定的证明性文件
3	拥有自有房地产	住房保障和房屋管理局（区级以上）	关于公司不存在违反房屋管理相关规定的证明文件
		规划和土地管理局（区级以上）	关于公司不存在违反土地管理相关规定的证明文件

续表

序号	业务特征	主管政府机构	备注（覆盖报告期）
4	拥有或租赁厂房、生产线	安全生产监督管理局（区级以上）	关于公司不存在违反安全生产相关规定，未发生重大安全生产事故的证明文件
5	产品需要满足相关质检要求	市场监督管理局（区级以上）	关于公司不存在违反质量技术监督相关规定的证明文件
6	文化传播类行业	文化广播影视管理局	关于公司不存在违反文化传播相关规定的证明文件
7	业务涉及增值电信服务	通信管理局	关于公司不存在违反增值电信业务经营管理相关规定的证明文件
8	业务涉及道路或港口运输	交通运输和港口管理局	关于公司不存在关于交通运输管理相关规定的证明文件
9	拥有其他特殊资质或属于其他特殊行业	对应资质主管机构、对应行业主管机构	关于公司不存在违反相关资质、行业管理的相关规定的证明文件

（四）公司存在特定瑕疵可能需要取得的政府证明性文件

序号	特定瑕疵	主管政府机构	备注
1	历史上存在国有资本变动瑕疵	主管国有资产监督管理部门	关于公司国有资本变动瑕疵不构成重大违法违规的证明文件
2	历史上存在集体企业改制瑕疵或超比例超范围发行股份	人民政府	关于公司股权明晰，目前不存在争议的证明文件
3	历史上存在工商登记备案瑕疵	市场监督管理局（区级以上）	关于公司工商登记备案瑕疵不构成重大违法违规的证明文件
4	历史上存在外商投资批复瑕疵	地方人民政府商务主管部门（区级）	关于公司未及时取得批复不构成重大违法违规的证明文件

续表

序号	特定瑕疵	主管政府机构	备注
5	历史上存在返程投资	国家外汇管理局	确认相关股东已进行外汇补登记且返程投资行为不构成重大违法违规的证明文件
6	公司土地权属存在瑕疵	规划和土地管理局（区级以上）	关于公司土地权属瑕疵不构成重大违法违规的证明文件
7	公司报告期内存在超越资质经营瑕疵	市场监督管理局（区级以上） 对应资质主管机构（区级以上）	关于公司超越资质经营不构成重大违法违规的证明文件
8	公司存在其他合规性瑕疵	其他对应主管机构	关于公司该项瑕疵不构成重大违法违规的证明文件

三、合规证明的办理流程

（1）登录需开具合规证明的相关政府部门网站、公共信用信息服务平台等官方网站，查询是否有网上申请办理通道，并根据办理指南等文件进行网上申请，如办理上海市工商合规证明可登录（http://www.sgs.gov.cn）。

（2）对于无法网上申请办理的合规证明，一般由律师事务所根据企业自身需求，先行拟定相关合规证明文件的文本模板。

（3）企业与当地政府部门办事窗口沟通，先行咨询办理合规证明的所需材料及文件、是否需要自行携带模板等事项后，携带相关资料至各区县各部门办事窗口，申请确认盖章。

（4）及时沟通进度，个别合规证明（如海关、外汇）审核及耗时时间较长，因此建议企业确定报告期后尽早准备。企业也可与推进企业改制上市的牵头部门，如各区县金融办协调证明的开具及进度。

第五节 上市申请文件

一、各板块上市申请文件对比

目前，我国各板块上市申请文件准则的总体框架基本保持一致，即一套以招股说明书为主体，以发行人的申请及授权文件、保荐机构等中介机构文件等为支持的内容体系。

针对创业板企业成长性高、业绩不稳定、经营风险高的特点，创业板申请文件准则相较于主板及中小板，增加了部分文件要求，以强化控股股东、实际控制人、保荐机构等相关主体的责任。

与现行主板和创业板 IPO 申请文件相比，科创板则基于自身板块特点，补充了关于科创板定位及制度创新突破点（如券商配售、科创板定位说明等）的相关文件要求。

各板块申请文件目录对比见附录6。

二、上市申请文件关注要点

对于申请主板、中小板及创业板的公司而言，在申请文件全部制作完毕后，由保荐代表人和企业负责人将申请文件送交证监会。报送证监会的申请文件为1份原件、3份复印件和1份电子文件。告知申请企业发行审核程序，注意事项等。科创板目前则全部采用电子申报的模式。

根据证监会的要求，企业的申请文件要为证监会预留3个月的审核时间，而企业财务审计报告的有效时间为6个月，因此，企业最迟应在最近一次审计报告截止日之后的3个月内报送发行申请文件。

高质量的 IPO 申报文件是企业成功上市过程中相当重要的一环，依照信息披露的要求，必须准确、严谨、表述清晰。各个文件之间记载的信息不能存在任何自相矛盾或就同一事实前后存在不同表述且有实质性差异的情况。

根据现有监管政策和监管力度，证监会对数据错误、内容表述不一致几乎是零容忍。《关于进一步推进新股发行体制改革的意见》第一条第（二）项规定："招股说明书预先披露后，发行人相关信息及财务数据不得随意更改。审核过程中，发现发行人申请材料中记载的信息自相矛盾或就同一事实前后存在不同表述且有实质性差异的，中国证监会将中止审核，并在12个月内不再受理相关保荐代表人推荐的发行申请。发行人、中介机构报送的发行申请文件及相关法律文书涉嫌虚假记载、误导性陈述或重大遗漏的，移交稽查部门查处，被稽查立案的，暂停受理相关中介机构推荐的发行申请；查证属实的，自确认之日起36个月内不再受理该发行人的股票发行申请，并依法追究中介机构及相关当事人责任。"

基于科创板的特殊性，监管层已经发布了多个文件[①]规范科创板企业申报文件的内容和格式，对申报科创板的公司提出了更为细致的信息披露要求，主要包括以下几个方面：

（1）科创板招股说明书在整体结构上进行了部分整合，并新增了关于科创板属性的分析及制度创新突破点（如特别表决权、协议控制等）的相关披露要求。而科创板属性定位不仅仅是发行人自我评估，还应该结合自身的业务和技术，在业务和技术章节中做出针对性的披露，再在发行人的专项说明和专项意见中做出充分的论证。

（2）发行人需要结合公司实际情况作风险提示，提高风险因素披露的针对性和相关性，尽量对风险因素做定量分析，对导致风险的变动性因素做敏感性分析。无法进行定量分析的，应有针对性地做出定性描述。

（3）发行人披露业务与技术时，需要结合公司收入构成、客户及供应商、市场地位等，使用浅白易懂的语言，客观准确、实事求是地描述发行人的经营模式及盈利模式，不得使用市场推广的宣传语或夸大其词的描述，避免使用艰深晦涩、生僻难懂的专业术语。发行人在披露财务会计信息与管理层分析时，应采用定量与定性相结合的方法分析重要或者同比发生重大变动的报表科目、财务指标。

（4）发行人披露行业地位时，需要全面、客观地披露发行人的竞争优势和竞争劣势。而非只专注于描述公司优势，而回避对劣势部分的披露。在行业部分尽量减少披露过多与发行人并无太多相关性的行业信息，避免

[①] 包括《公开发行证券的公司信息披露编报规则第24号——科创板创新试点红筹企业财务报告信息特别规定》《公开发行证券的公司信息披露内容与格式准则第41号——科创板公司招股说明书》《公开发行证券的公司信息披露内容与格式准则第42号——首次公开发行股票并在科创板上市申请文件》等。

信息冗余。

（5）发行人重要子公司的披露应当参照招股书的准则规定来单独披露相关的业务及行业信息，但目前很多申报文件都直接略过了。

（6）发行人披露下一报告业绩预告信息的，若主要会计报表项目与财务报告审计截止日或上年同期相比发生较大变化的，应详细披露变化情况、变化原因以及由此可能产生的影响。

（7）保荐机构在《关于发行人符合科创板定位的专项意见》中，说明对于发行人核心技术的尽调过程、核查方法和取得的证据，不得简单重复发行人《关于符合科创板定位要求的说明》中的内容，不得使用市场推广的宣传用语和夸大其词的表述。

（8）发行人、保荐机构、证券服务机构在审核问询函的范围之外对申请文件进行修改的，请按照《上海证券交易所科创板股票发行上市审核规则》等规定，提交专项报告说明修改情况及原因，并对修改内容予以楷体加粗标示。

附录

附录1　中介机构信息（排名不分先后）

一、证券公司

海通证券股份有限公司（以下简称海通证券）成立于1988年，是国内最早成立的证券公司中唯一未被更名、注资，且是国内少数实现"A+H"股上市的大型证券公司。海通证券总资产近6000亿元、净资产近1200亿元，2007年以来海通证券总资产和净资产一直位居国内证券行业前列。海通证券拥有卓越的综合性业务平台和成熟的海外业务平台，经营网点遍及全球14个国家和地区。

海通证券基本建成了以证券为核心，涵盖期货、投资、基金和融资租赁等多个业务领域的金融控股集团。海通证券旗下的海通国际系海外最大规模的中资全能型投行；恒信租赁系国内首家、规模最大的券商系融资租赁公司；海通银行系在欧央行监管体系下运营的业务覆盖欧美地区的全能银行；海通开元、海富基金、海通资管、海通期货等也分别在其所属业务领域占据龙头地位。

海通投资银行业务创下了诸多国内"最早"和业内"第一"，打造出具有海通特色的知名行业品牌。在金融行业，海通证券先后担任了浦发银行、民生银行、深发展银行、交通银行、建设银行、华泰证券等金融企业IPO或再融资的保荐人和主承销商；我国第一家赴海外上市银行——交通银行上市财务顾问；我国第一家私募发行商业银行次级债券——民生银行次级债券主承销商；我国第一只境内发行的优先股——农业银行优先股主承销商；我国第一家上市银行通过重大资产收购信托牌照——浦发银行收购上海信托财务顾问。在高科技领域，用友软件、上海贝岭、中国海诚、新天科技、开尔新材等项目的成功发行也为海通证券的承销业绩写下了浓重的一笔；金风科技首次公开发行并上市成为清洁新能源领域的里程碑事件。2019年第一批科创板注册制的企业中，多家由海通证券保荐，其中中微半导体以179.75倍的市盈率居25家首批科创板上市企业之首。

兴业证券股份有限公司（以下简称兴业证券）是中国证监会核准的全国首批全国性、综合类、创新型证券公司，2013—2015年连续3年获评行业分类评价目前最高等级A类AA级，2018年获评A类A级。2010年10月13日，兴业证券在上海证券交易所挂牌上市，证券代码601377.SH。公司股东多元化，实力雄厚，第一大股东为福建省财政厅。兴业证券拥有62家分公司、140家证券营业部、6家控股金融子公司，是涵盖证券、基金、期货、资产管理、直接投资、另类投资和跨境业务等专业领域的大型金融控股集团公司。兴业证券资本实力雄厚，注册资本66.97亿元，2018年底集团总资产1151亿元，净资产353亿元。2018年集团营业收入64.99亿元，净利润5.75亿元，多项业务指标进入行业10强。

兴业证券研究水平持续、快速提升，新财富团体2017年排名第3，连续3年排名行业前5，稳居行业第一梯队。2018年获得IAMAC最佳研究机构第2名、最受险资欢迎研究机构第1名、最受中小险资欢迎研究机构第1名及8个行业第1；水晶球"本土金牌研究团队"第3名和7个行业第1；金牛奖五大金牛团队奖。

2015年以来，兴业证券出色地完成了规模达180亿元的华夏幸福基业股份有限公司非公开发行公司债、100亿元的紫光集团有限公司非公开发行公司债、80亿元的紫金矿业集团股份有限公司公司债等一批大型项目，受到发行人的高度认可。

东方·花旗

东方花旗证券（以下简称东方花旗）于2012年6月成立，总部位于上海，并在北京、深圳、新疆、长沙等地布局业务团队。东方花旗注册资本为8亿人民币，员工500多人。东方证券连接丰富的行业资源，为企业提供全方位的专业投行服务，包括股权融资、债券融资、兼并收购、新三板推荐挂牌及结构化融资等。公司根系本土，并积极拓展跨境业务，致力成为汇聚中西经验智慧的国内一流的投资银行。

主要业务介绍：

股权融资。为国内优质企业的重组改制、首次公开发行并上市及再融资（配股、公开增发、非公开增发、可转债等）、私募融资等股权融资活动提供专业服务。

债券融资。金融机构公募/私募发行的金融债、次级债（二级资本债）、资产证券化、优先股等；非金融机构公开/私募发行的企业债、公司债、可转债、资产证券化、优先股等专业服务。

财务顾问。为上市公司及非上市公司实施境内、境外并购重组及私募股权融资等交易提供财务顾问服务；为买卖双方寻找合适的重组方或重组标的，进行有效撮合并执行；担任境内A股上市公司或非上市公司跨境并购的财务顾问；为企业兼并收购提供融资安排（如寻找过桥资金等）；协助上市公司实施股权激励及实施反收购计划；为境内、境外私募股权融资投融双方提供投融服务；帮助客户制定整体并购战略、构建战略联盟计划及协助财务困境公司制订破产重整计划等。

中天国富证券 ZTF SECURITIES

中天国富证券成立于2004年，由中天金融集团股份有限公司（证券代码：000540.SZ）控股。2016年9月，中天国富证券引入优秀的高管团队，业务能力与服务理念全面升级，2016年底公司净资本增至53.9亿元人民币，逐步迈入中型券商行列。

2017年和2018年，中天国富证券的并购重组业务连续两年位列行业前10。2018年，中天国富证券在并购重组财务顾问执业能力专业评价中被评为A级。2019年中国证监会分类评级中，中天国富证券评级提升至A类。2019年10月，公司获批证券经纪、证券自营业务资格。

中天国富证券主要有三种业务模式：

第一，专注于投资银行业务，深耕产业，成为企业成长的长期专业伙伴。中天国富证券投资银行为国内众多行业、不同区域的企业客户提供股债融资、并购重组、综合财务顾问以及资本中介等全投行业务链服务。第二，专注于高净值客户及中小企业的财富管理，以客户需求为导向，构建价值供给链。中天国富证券专注于高净值个人客户和中小企业，以实现客户价值最大化为服务宗旨，提供财富管理、市场融资、财富规划等服务。第三，专注于投行与投资业务协同联动。中天国富证券以客户为中心搭建多元化的业务平台，并建立投行投资有效的联动机制，能够及时、准确地把握资本市场脉搏，布局一级市场、一级半市场与二级市场的投资业务，实现中天国富证券投资银行与集团旗下保险、信托、银行等的业务联动，为客户提供无可比拟的全方位、一体化的金融服务。

联储证券有限责任公司（以下简称联储证券）成立于2001年，是一家以"创造价值"为使命的全牌照综合性证券公司，注册资本25.731亿元，净资产约57亿元。联储证券秉承多元化的发展理念，专注于为中国高净值人群、优质企业、金融机构、政府客户和机构投资者提供专业、高效、便捷的一站式投融资服务。

联储证券拥有证券经纪、证券资产管理、证券投资咨询、证券承销与保荐、证券自营、融资融券、股票质押式回购、财务顾问、金融产品代销、基金代销、直接股权投资等全牌照证券业务资格，在全国范围拥有80余家分支机构。

星徽精密资产重组：联储证券作为星徽精密并购泽宝股份的独立财务顾问，在不足5个月的时间内成功完成从公告预案到顺利过会，交易总金额为15.3亿元。在此项目中，并购团队结合星徽精密需求选择并购标的泽宝股份，突破重重难点，通过对并购方案专业的设计、对证监会产业并购审核思路的准确把握等方式大幅降低了并购风险，帮助星徽精密向新型市场营销、国际化和多元化转型大步迈进。

通源石油跨境并购：联储证券为通源石油收购标的公司美国知名油服企业Cutters提供咨询服务，帮助通源石油在北美油服市场的继续扩张，从而真正实现其射孔业务全球化的战略布局。

国泰君安证券股份有限公司（以下简称国泰君安）由国泰证券有限公司和君安证券有限责任公司于1999年合并新设，现注册资本61亿元，经营业绩稳居业内前三，经营管理、风险控制、合规体系、信息技术等水平居于领先。

自成立之日起，国泰君安秉持以客户为中心的服务理念，扎根于国内资本市场，是国内规模最大、经营范围最广、机构分布最广、服务客户最多的证券公司之一，旗下设国泰君安金融控股有限公司（注册地香港）、国泰君安期货有限公司、上海国泰君安证券资产管理有限公司、国泰君安创新投资有限公司、国泰君安基金管理有限公司5家子公司，在全国29个省、市、自治区设有30家分公司、193个证券营业部。

国泰君安是国内最早开展各类创新业务的券商之一，1993年首开资产管理业务，1995年最早在香港开办业务，1996年在券商中首设研究所，2001年获得首批代办股份转让主办报价券商资格，2003年获准首批开展QFII业务，2004年成为人民银行公开市场一级交易商、银行间债市做市商，2007年首批获得QDII资格和金融期货业务资格，2008年率先获得直投资格与期货IB业务资格，2010年获得融资融券业务资格。2010年，国泰君安金融控股有限公司旗下的国泰君安国际控股有限公司（HK.1788）在香港联交所上市，实现了内地券商旗下公司在港IPO零的突破，2011年3月国泰君安国际控股入选香港恒生综合指数金融成分股，成为唯一一只中资券商成分股。

二、会计师事务所

天健会计师事务所成立于1983年，是由一批资深注册会计师创办的

首批具有A+H股企业审计资格的全国性大型专业会计审计中介服务机构，综合实力位列内资所前三，全球排名前20位。天健拥有36年的丰富执业经验和雄厚的专业服务能力，拥有包括A股、B股、H股上市公司、大型央企、省属大型国企、外商投资企业等在内的固定客户5000余家，其中上市公司客户400余家，新三板挂牌客户600余家。按承办上市公司数量排名，在具有证券期货相关执业资格的会计师事务所中位居全国第2。近3年通过审核的IPO企业在所有中介机构中名列前茅。2019年累计过会科创板20家，在中介机构中名列第一。

事务所曾经主持或者参与多家国有企业、民营企业的股份制改造和重组上市方案设计与审计工作，服务的主要客户包括超日太阳（主板）、泛微网络（主板）、开能环保（创业板）、三湘股份、中超控股、大名城等。

安永在154个国家及地区设有764个办事处，聘用超过28万名员工。2019财年全球总收入达364亿美元，按年增长8%。公司在各个服务领域都保持了良好的增长势头，自"愿景2020"发布，安永年复合增长率高达8.3%，是行业内最具影响力的专业服务机构之一。公司在大中华区聘用员工18000人，是区内最大的会计师事务所之一。注册会计师的人数在历年中国注册会计师协会颁布的会计师事务所综合评价中排名前列，现有各类注册会计师人数超过4000人。

安永在港股、A股、美股市场中表现突出，曾协助多家大型公司成功在香港、上海、深圳及美国发行上市。其中，2019年1月1日至10月31日，共协助了34家企业在香港主板上市，按公司数目计，在四大会计师事务所中所占市场份额约为33%。2015—2018年，A股市场以上市集资额计算，在"四大"中所占市场份额约为33%，上市公司服务经验包括粤海投资、中国交建、龙源电力、深圳能源、宝山钢铁等知名企业。

Deloitte.

作为专业服务领域的先驱者,德勤的创始人早在170年前便开始了从业实践。时至今日,德勤成员所网络已遍及全球,为客户提供包括审计及鉴证、管理咨询、风险咨询、财务咨询、税务与商务咨询和法律咨询等在内的全方位的专业服务。目前,德勤拥有约286000名专业人士,遍及全球150多个国家和地区,在"四大"国际专业服务网络中保持领先地位。1917年进入中国以来,德勤不断拓展和强化专业服务。时至今日,德勤的服务网络已经覆盖中国的主要城市,从而让广大客户可以享受到约16000名专业人员的优质服务。

德勤中国创新部门于2011年正式成立,依托与德勤全球17个创新部门间的联动,以勤创空间为载体,采用SPEED SET创新加速模式,感知全球前沿科技,聚焦颠覆性技术的拓展与应用。通过连接内外资源与全球网络,与大企业、政府、高校、孵化器及科技创新企业互联互通,打造合作共赢的创新生态系,为客户带来"高价值、高科技、高体验"的专业服务。

德勤创新一站式全程服务覆盖科创企业发展的各个阶段,整合德勤专业服务团队资源,充分发挥德勤创新生态网络优势,通过多样化全方位的赋能服务,结合实时政策动态分析,全程跟踪,高效助力,为科创企业的健康发展保驾护航。

普华永道中天会计师事务所有限公司(以下简称普华永道)是世界顶级的会计师事务所之一。各成员机构遍及全球158个国家和地区,有超过25万名员工,致力于在审计、税务及咨询领域提供高质量的服务。尤其在审计、首次公开募集资本、内部控制、企业重组以及合并与收购等业务中拥有丰富的经验。

目前，普华永道在北京、上海、天津、重庆、大连、西安、青岛、南京、苏州、杭州、宁波、厦门、广州、深圳、香港及澳门等25个城市设有分支机构，拥有员工约17000人，其中包括约600名合伙人。

三、律师事务所

德恒律师事务所成立于1993年，是一家全球性大型律师事务所，拥有一支专业化、综合化、高层次、国际化的强大的律师服务团队，德恒拥有全球律师专业人员近3000人。德恒律师80%以上有硕士、博士学位，具备在国内外立法、司法、行政机关、跨国公司、大型国企、金融证券机构的工作经验。德恒律师持有美国联邦最高法院、联邦上诉法院、纽约州、新泽西州、佛罗里达州、俄亥俄州、加利福尼亚州以及欧洲共同体、巴黎上诉法院等律师执照，能熟练运用英语、法语、德语、日语等多种语言从事法律服务。

除北京总部外，还在上海、广州、深圳、天津及纽约、海牙、巴黎、布鲁塞尔、迪拜、阿拉木图、香港等地设立了43家国内及境外分支机构，在全球范围内建立了160个合作机构，凭借多种语言优势、信息资源和现代化办公手段，形成了全球化、网络化、紧密型服务体系，可为国内外客户提供全方位、高质量的法律服务。

20多年来，德恒先后担任了中国铁建（A+H）、中国农业银行（A+H）、长江电力、上海机场、中国银行、本钢板材、安硕信息、康德莱、华荣股份、德邦物流、春秋电子、鲍斯股份、会畅通讯、心脉医疗、邦宝益智、天际股份、扬帆新材、中坚科技、航天宏图、龙软科技等200余家企业A股发行上市的法律顾问。

德恒上海办公室曾先后担任上海证券交易所、上海期货交易所、中国金融期货交易所、上海保险交易所等的常年法律顾问，并与诸多金融机构建立了良好的服务关系。

2019年，德恒服务的科创板企业发行上市总计为14家，排名前三。

JT&N 金诚同达律师事务所

创立于 1992 年的金诚同达律师事务所（以下简称金诚同达），现已发展成为中国境内规模较大、富有活力的综合型律师事务所之一。其总部位于北京，在上海、深圳、合肥、杭州、南京、成都、西安、沈阳、济南设有分所，并在东京设立了办事处。目前，金诚同达员工已达上千人，拥有 800 余名专业人士，其中合伙人 200 余位。

金诚同达律师能够切实地从每位客户的立场和观点出发，同时坚持结合具体情况，在每个业务层面提供高水准的优质服务；运用资深的专业技术和丰富的实践经验竭诚为每位客户提供最为专业和完备的法律服务。金诚同达以学者型的严谨态度、专家型的服务水平和国际化的质量标准严格要求自己，成为客户信赖的重要伙伴。

2000 年以来，金诚同达多次被各地办公室的市司法局、中华全国律师协会、各市律师协会评为"市司法行政系统先进集体""全国优秀律师事务所""市优秀律师事务所""市律师行业先锋奖"等光荣称号，还被司法部命名为"部级文明律师事务所"。同时，金诚同达连续多年在 CHAMBERSAND PARTNERS、LEGAL 500、ALB、CBLJ 商 法、THE LAWYER 等各国著名法律评级机构获得领先成就，在多个业务领域并且有多位律师获得亚太地区乃至世界领先称号。

金茂凯德律师事务所（以下简称金茂凯德）是一家专业从事金融证券和公司法高端品牌及争端解决等业务的专业律师机构，是国家商务部《国际商报》2012 年中国商务最具活力服务贸易 50 强企业，是上海市商务委员会和上海市司法局确认的上海市专业服务贸易重点单位，并具有中国人

民银行认可的中国银行间市场交易商协会会员资格。上海市高级人民法院原副院长、上海市人民政府原参事室主任、著名法学家李昌道教授担任金茂凯德负责人。金茂凯德在上海市律师行业综合排名中名列前茅。

金茂凯德主要办公地在上海香港新世界大厦,并在北京等多地设有分所和代表处或联盟所,从业人员200多名。金茂凯德的主要业务领域为公司法业务、兼并收购、资本市场、房地产及工程建设、反垄断、银行业务、投资业务、知识产权与信息技术、海事海商业务、仲裁和诉讼等。金茂凯德在公司重组、上市、再融资等资本市场运作方面以及海事海商诉讼、仲裁、谈判等争议解决方面积累了丰富的经验,办理了一批"中国第一""上海第一"的成功案例。金茂凯德拥有一批在司法界享有盛誉的权威人士,拥有一批在省级人民政府、著名法学院担任过重要职务和在国际国内仲裁机构担任仲裁员的专家律师,拥有一批在国际律师组织中担任重要职务并在业内有较大影响的著名律师。

上海市锦天城律师事务所(以下简称锦天城)是一家提供全方位法律服务的、全国领先的律师事务所,并多次被司法部、地方司法局、律师协会以及国际知名法律媒体和权威评级机构列为中国最顶尖的法律服务提供者之一,位居全国十大品牌律师事务所前列。

发轫于中国上海的锦天城,已在中国大陆21个城市(北京、杭州、深圳、苏州、南京、成都、重庆、太原、青岛、厦门、天津、济南、合肥、郑州、福州、南昌、西安、广州、长春、武汉、乌鲁木齐)及中国香港、英国伦敦开设分所,并与香港史蒂文生黄律师事务所联营,与国际律师事务所鸿鹄(Bird & Bird LLP)建立战略合作关系。

锦天城在金融、证券、信托、投资等方面拥有丰富的经验,业绩在业界拥有较高的排名。在股票发行上市及资产重组业务方面,锦天城的市场占有率每年都位居全国前列。大量的项目经验为锦天城向客户提供优质服务奠定了坚实的基础,并且在长期实践中,与国内外知名的证券公司、投资银行、会计师事务所、评估师事务所保持良好的合作关系；在证券监管部门、外资管理部门、国有资产管理部门，锦天城也有着良好的声誉，并保持畅通的沟通和联系。

國浩律師（上海）事務所
GRANDALL LAW FIRM (SHANGHAI)

国浩律师（上海）事务所（以下简称国浩上海）原名上海市万国律师事务所，创建于1993年7月，是我国最早的以资本市场法律服务为主要业务的律师事务所之一，也是目前中国最大的跨地域合伙制律师事务所之一，在北京、上海、深圳、杭州、广州、昆明、天津、成都、宁波、福州、西安、南京、香港及巴黎等地设有执业机构。

目前，国浩上海拥有专职律师148名，具有大学本科以上学历的有146名，其中拥有硕士、博士学位的律师近90名，具有海外学习或者工作经历者近37名。国浩上海的业务遍及证券与资本市场、公司与商业、金融与银行、国际投资、基础设施建设、知识产权、海商海事、新能源等所有经济发展的重点领域。尤其是在资本市场，国浩上海在境内外IPO、再融资、重大资产重组、收购兼并等综合指标方面几乎每年均排名行业第一。

瑛明律师事务所
Chen & Co. Law Firm

瑛明律师事务所成立于1998年，是中国领先的商务律师事务所之一，并在中国内地和香港都具有从事中国法律业务的资格。自成立以来，瑛明律师事务所致力于为国内外各个行业的公司、金融机构、政府部门、中介机构等提供量身定制的法律服务，业务范围主要包括资本市场、投资并购、银行、信托与基金、资产管理、反垄断与反不正当竞争、破产、重组和清算、房地产、知识产权和争议解决等。目前，瑛明律师事务所在上海、北京、深圳和香港都设有办公室，拥有超过150名员工。

GF 广发律师
GF LAW FIRM

上海市广发律师事务所（以下简称广发所）是一家致力于提供证券金融法律服务的专业机构，专业化的特色使广发所在证券、金融、法律服务领域更具有竞争优势。广发所是国内证券业务专业化程度最高的律师事务所之一。专业化发展模式使广发所在金融证券领域颇有建树，广发所是为数不多的、拥有广泛声誉的中国金融证券业律师事务所，已成功为国内数十家公司提供与证券发行上市相关的法律服务，范围涵盖国内A股和B股、新加坡红筹、香港H股和红筹（创业板或主板）及纳斯达克、纽约交易所上市等。

四、投资机构

博宁资本
Boning Capital

上海博宁资产管理有限公司（以下简称博宁资本）依托于上海交通大学会计与资本运作研究所、上海市成本研究会，是专注于提供资本市场综合服务的投资管理机构。博宁资本致力于对国内外资本市场的研究，通过改制、重组、上市、收购与兼并等资本运作协助有发展潜力的企业进入资本市场、实现可持续发展、成为行业的标杆。2011年，博宁资本成为中国城市科学研究会数字城市专业委员会投资学组成员单位。博宁资本经过多年发展和团队深耕，发展了包括Pre-IPO股权投资基金、并购基金、不良资产处置基金等产品，截至2019年6月30日，团队管理股权投资基金规模50.02亿元。

博宁资本的团队是在中国资本市场建立之初就开展资本运营业务的团队之一，参与了国内证券市场规则的制定，曾成功运作百余家企业上市，包括主导中国第一家公司直接在纽约证交所上市——山东华能、主导中国第一家民营企业收购香港H股公司——天瑞收购天元铝业、主导中国第一例外资并购国有上市公司案——中孚实业，以及成功运作金融、不动产、大型制造业、基础设施工程、新能源等购并项目,并购总额达数百亿元。博宁资本团队核心成员还担任中国财政部咨询专家、中国城科会数字专业委员会金融顾问、多个城市的政府顾问。

隧道股份 建元基金

建元基金是全国首家专注于建设领域的股权投资基金。发起人隧道股份是全产业链的城市建设运营综合服务商,涵盖城市基础设施规划设计、投资、施工、运维、开发等各个环节,1994年成为我国建筑施工企业中首家上市公司,2015年名列中国总承包商全国第6位,并连续多年蝉联中国市政企业第1名。

目前建元基金员工18人,资格人员16名,投资团队人员都曾任职于业内专业的私募投资机构,拥有丰富的股权投资及项目并购经验。建元基金也有来自隧道股份体系内外资深的技术和财务专家,包括教授级高级工程师兼高级经济师1名,高级会计师兼总会计师(CFO)1名、特许金融分析师(CFA)1名、高级工程师兼注册一级建造师2名、注册会计师(CPA)2名。

领中资本是一家专注于投资中国创新型高成长企业的私募股权投资机构,旗下管理多只人民币基金,总规模近20亿人民币。投资阶段覆盖初创期、成长期,主要关注领域为先进制造、人工智能、智慧物流、新材料、智慧农业等行业。

领中资本始终秉持促进中国企业创新与成长,推动社会产业进步与发展为己任,凭借投资团队自身丰富的行业经验和资源网络,不遗余力地帮助创业家和他们的企业突破自我、不断创新,与之共创事业。在多年的投资实践中,管理团队取得了令人瞩目的投资业绩。投资及管理的项目包括联影医疗、蓝箭科技、森兰智慧钢琴、智昌机器人、摩拜单车、箱箱共用、中天引控、滨海新材料等。

领中资本的管理团队基于对中国资本市场长期深入的理解与研究，建立了"以专业化管理为基础，以投后增值为核心"的投资理念，致力于打造一家值得投资人和企业家信赖的投资机构。作为长期投资人，领中资本一直与企业家携手同行，不仅为企业发展提供资金，还在吸纳优秀人才、整合市场营销渠道、提供企业运营建议、寻找战略合作伙伴等方面提供专业的服务。

上海新丝路财富投资管理有限公司（以下简称新丝路投资）2015年成立于中国上海自贸区，是一家经中国证券投资基金业协会登记备案的私募基金管理公司，公司主要业务为成长期及成熟期企业的股权投资、并购以及产业基金、地产基金投资等。新丝路投资以生命科学领域投资为核心，兼顾智能制造、节能环保、新能源等领域，并且希望通过在医疗健康等领域的投资，为国家发展贡献自己的智慧。

新丝路投资已经与美国、加拿大、欧洲及以色列等国家和地区签署了战略合作协议，包括美国哈佛大学医学院PARTNERS、MGH、WELLMAN及硅谷相关医疗研究机构、加拿大TORON Capital、欧洲AGP、RS A/S公司等。其中，与美国MedCap公司合作成立的投资基金是截至目前唯一投资哈佛医学研究的产业基金，并且负责最前沿的医学科技成果的转化。这些项目具备坚实的产业和商业化基础，新丝路投资为其在中国的发展提供强力的落地支持资金和保障。

新丝路投资的投资团队对关注的投资领域进行了长期、深入的研究及跟踪，积累了丰富的投资运营经验，并取得了非凡的投资业绩，其中包括多家在中国A股、新三板和美国纽交所、纳斯达克上市、兼并和收购的成功案例，深受业界好评，并有项目正在启动登录科创板。

附 录

源星资本（Vstar Capital）成立于 2011 年，并于 2016 年由纪源资本的人民币基金分拆独立运营。目前，源星资本管理了 5 支人民币基金、1 支美元基金，投资领域主要关注健康医疗、智能技术+、消费升级等领域的投资机会，投资阶段涵盖早期、扩张期和成熟期。源星资本已投资超过 70 家创业企业，包括美年大健康（SZ002044）、迈瑞医疗（SZ300760）、中持水务（SH603903）、易居中国（HK02048）、新通联（SH603022）、联影医疗、马泷齿科、育学园、瑞博生物、华云数据、科思科技、深之蓝、云洲智能、亮风台、金宝贝、常青藤爸爸、闪送等。

源星资本的主要成就为：中国最佳创业投资基金 TOP100；年度最佳募资机构、并购市场年度最佳机构，医疗健康行业年度最活跃投资机构；上证综研研究所"风险投资二十年百强榜"TOP100；2019 第一财经年度创投机构 TOP20。

上海景恬集团是一家专注于股权投资的集团性公司，全国下设 9 家分子公司，创始人及团队成员来自多个券商投行。目前，集团业务精准定位于股权投资（自有资金）、并购重组以及债券承揽、销售等。

自集团成立以来，5 家对外股权投资企业成功在境内主板 IPO，另有山东金现代信息股份有限公司创业板 IPO 成功过会，山东普瑞特机械制造股份有限公司（筹备上市阶段）四川绵竹杜甫酒业集团股份有限公司、重庆江小白酒业股份有限公司正处于投后管理阶段。

集团和多家券商形成战略合作，三年来，在债券承揽、销售业务上累计量为 1200 亿元规模，其中境外债券规模共计 10 亿美元。同时，集团还和多个地方政府及政府平台公司达成战略合作伙伴关系，致力于地方产业引进及投资。

上海秉越投资管理有限公司（以下简称秉越资本）是一家专业服务中国企业境外上市的投行机构，吸引了国内外投行精英、律师、会计师和学者加盟，打造了一只跨国融合的专业团队，提供国际化顾问与并购服务。公司致力于为客户提供长期优质的服务，坚持企业业绩与资本协同发展的理念，除了帮助企业在境外上市与融资之外，还帮助企业拓展国际化业务。

近年来，秉越资本创造性地开拓了拥有巨大财富与资源的中东资本市场，在中国率先推出纳斯达克迪拜证券交易所 IPO 与债券发行服务。目前，已经服务数家大中型民营企业发行私募债券，总额度超过 10 亿美元。秉越资本团队成员在澳大利亚、阿拉伯地区以及非洲都拥有深厚的人脉关系和业务经验，并在悉尼和迪拜拥有办事机构，能够更好地服务中国企业开拓澳洲、中东、非洲以及欧洲的业务和资本市场。

中同资本是专注于为新经济创业家提供融资/并购服务及股权直投的创新型投资银行。总部位于上海，重点关注消费、科技等行业的高成长性企业。成立至今，已成功服务超过 70 家创新企业，参与管理资金 10 亿元（隧道股份建元基金），已投资参股超过 27 家企业。

五、银行

中信银行成立于1987年，是中国改革开放中最早成立的新兴商业银行之一，是中国最早参与国内外金融市场融资的商业银行。2007年，中信银行实现A+H股同步上市。经过30余年的发展，中信银行已成为一家总资产规模超过6万亿元，年净利润超过450亿元，员工人数5.6万名，具有强大综合实力和品牌竞争力的金融集团。2017年，中信银行被英国《银行家》杂志评为"中国最佳银行"，为中国地区唯一获奖银行。2019年，中信银行在英国《银行家》杂志"全球银行品牌500强排行榜"中排名第24位；一级资本在英国《银行家》杂志"世界1000家银行排名"中排名第26位。

中信银行上海分行是中信银行总行下设的首家分行，1988年6月在上海著名的涉外办公楼联谊大厦开业。历经30年的转型发展，中信银行上海分行已发展近50家网点，服务网络基本覆盖了上海各主要区县，同时培育了严谨、务实的管理风格，形成了一支精干高效的员工队伍，各项人均综合指标在同业中保持了领先水平。在客户定位上，中信银行立足于"大行业、大客户、大项目和高端客户"，以"大协同、大资管、大投行、大交易"为驱动，优先支持以"大健康、大文化、大环保""高科技、高端制造业、高品质服务和消费业"以及"新材料、新能源、新商业模式"为代表的"三大、三高、三新"行业，为客户提供"一揽子"金融产品和"一站式"金融服务，全方位满足客户的综合金融服务需求。

上海农村商业银行股份有限公司（以下简称上海农商银行）成立于2005年8月25日，是由国资控股、总部设在上海的法人银行，是全国首家在农信基础上改制成立的省级股份制商业银行。目前注册资本为86.8亿元人民币,营业网点近380家,员工总数超6000人。

围绕上海新三大任务、"五个中心"以及"四大品牌"建设,上海农商银行以普惠金融助力百姓美好生活为使命,努力打造为客户创造价值的服务型银行,建设具有最佳体验和卓越品牌的区域综合金融服务集团,力争成为扎根本地、服务高效的上市公众银行。

在英国《银行家》公布的"2019年全球银行1000强"榜单中,上海农商银行位居全球银行业第156位,比2018年上升22位,在国内商业银行中排名第24位;在"2019年全球银行品牌价值500强"中排名第191位,比2018年上升32位;在中国银行业协会发布的"陀螺"评价体系中,位列国内农商银行第2位;标普长期信用评级"BBB",展望稳定,短期主体信用评级"A-2"。

在"大众创业,万众创新"背景下,招商银行秉承"因您而变"的服务理念,想客户之所想,自2010年推出针对科技创新企业的"千鹰展翼计划",形成直接融资与间接融资相匹配的金融服务体系,契合企业全生命周期各阶段特征,提供"一站式"综合金融服务,全面助力成长型企业快速发展,并成功登陆资本市场。

近十年,招商银行"千鹰展翼计划"共培育了超过30000家企业,累计授信支持达到3000亿元,其中,405家企业在境内A股上市,其中创业板、中小板上市公司合计超过300家;国家高新技术企业15000家,PE/VC已投企业7000余家,始终处于国内银行业首位。

招商银行将一如既往地秉持"因您而变"的服务理念,紧紧围绕客户需求,以快速迭代、持续交付的产品和服务,创造最佳客户体验,相伴企业共同成长!

附录2 重点法律法规文件索引

附表1 总体适用法律索引

序号	名称	文号	实施日期	发文机构
1	《中华人民共和国物权法》	中华人民共和国主席令第62号	2007年10月1日	全国人民代表大会
2	《中华人民共和国公司法》	中华人民共和国主席令第15号	2018年10月26日	全国人民代表大会常务委员会
3	《中华人民共和国证券法》	中华人民共和国主席令第37号	2020年3月1日	全国人民代表大会常务委员会
4	《中华人民共和国个人所得税法》（2018年修订）	中华人民共和国主席令第9号	2019年1月1日	全国人民代表大会常务委员会
5	《中华人民共和国企业所得税法》（2018年修订）	中华人民共和国主席令第23号	2018年12月29日	全国人民代表大会常务委员会

附表2 企业上市与保荐业务相关的重要法规文件索引

序号	名称	文号	实施日期	发文机构
1	《关于进一步加强保荐业务监管有关问题的意见》	证监会公告〔2012〕4号	2012年3月15日	中国证券监督管理委员会
2	《证券发行与承销管理办法》（2018年修订）	中国证券监督管理委员会令第144号	2018年6月15日	中国证券监督管理委员会
3	《中国证监会关于进一步推进新股发行体制改革的意见》	证监会公告〔2013〕42号	2013年11月30日	中国证券监督管理委员会
4	《发行证券的公司信息披露内容与格式准则第27号——发行保荐书和发行保荐工作报告》	证监会公告〔2009〕4号	2009年4月1日	中国证券监督管理委员会
5	《证券发行上市保荐业务工作底稿指引》	证监会公告〔2009〕5号	2009年4月1日	中国证券监督管理委员会

续表

序号	名称	文号	实施日期	发文机构
6	《关于进一步提高首次公开发行股票公司财务信息披露质量有关问题的意见》	证监会公告〔2012〕14号	2012年5月23日	中国证券监督管理委员会
7	《关于首次公开发行股票并上市公司招股说明书财务报告审计截止日后主要财务信息及经营状况信息披露指引》	证监会公告〔2013〕45号	2013年12月6日	中国证券监督管理委员会
8	《关于首次公开发行股票并上市公司招股说明书中与盈利能力相关的信息披露指引》	证监会公告〔2013〕46号	2013年12月6日	中国证券监督管理委员会
9	《深圳证券交易所上市公司保荐工作指引》（2014年修订）	深证上〔2014〕387号	2014年10月24日	深圳证券交易所
10	《公开发行证券的公司信息披露解释性公告第1号——非经常性损益》	中国证券监督管理委员会公告〔2008〕43号	2008年12月1日	中国证券监督管理委员会
11	《〈首次公开发行股票并上市管理办法〉第十二条发行人最近3年内主营业务没有发生重大变化的适用意见——证券期货法律适用意见第3号》	中国证券监督管理委员会公告〔2008〕22号	2008年5月19日	中国证券监督管理委员会
12	《〈首次公开发行股票并上市管理办法〉第十二条"实际控制人没有发生变更"的理解和适用——证券期货法律适用意见第1号》	证监法律字〔2007〕15号	2007年11月25日	中国证券监督管理委员会
13	《深圳证券交易所首次公开发行股票发行与上市指南》（2018年修订）	深证上〔2018〕492号	2018年10月19日	深圳证券交易所
14	《深圳证券交易所股票上市公告书内容与格式指引》（2013年修订）	深证上〔2013〕475号	2013年12月30日	深圳证券交易所

附表3 企业引进战略投资者进行私募的相关法规文件索引

序号	名称	文号	实施日期	发文机构
1	《关于外国投资者并购境内企业的规定》（2009年修订）	中华人民共和国商务部、国务院国有资产监督管理委员会、国家税务总局、国家工商行政管理总局、中国证券监督管理委员会、国家外汇管理局令2006年第10号	2006年9月8日	中华人民共和国商务部、国务院国有资产监督管理委员会、国家税务总局、国家工商行政管理总局、中国证券监督管理委员会、国家外汇管理局
		中华人民共和国商务部令2009年第6号	2009年6月22日	商务部
2	《中国证监会、科技部关于印发〈关于支持科技成果出资入股确认股权的指导意见〉的通知》		2012年11月15日	科学技术部、中国证券监督管理委员会

附表4 企业改制上市税收问题的相关重要法规文件索引

序号	名称	文号	实施日期	发文机构
1	《征收个人所得税若干问题的规定》	国税发〔1994〕89号	1994年4月1日	国家税务总局
2	《国家税务总局关于贯彻执行修改后的个人所得税法有关问题的公告》	国家税务总局公告2011年第46号	2011年9月1日	国家税务总局
3	《国家税务总局关于股份制企业转增股本和派发红股征免个人所得税的通知》	国税发〔1997〕198号	1997年12月25日	国家税务总局

续表

序号	名称	文号	实施日期	发文机构
4	《国家税务总局关于盈余公积金转增注册资本征收个人所得税问题的批复》	国税函〔1998〕333号	1998年6月4日	国家税务总局
5	《财政部、国家税务总局关于股权转让有关营业税问题的通知》	财税〔2002〕191号	2003年1月1日	财政部、国家税务总局
6	《土地增值税暂行条例》（2011年修订）	中华人民共和国国务院令第588号	2011年1月8日	国务院
7	《财政部、国家税务总局关于土地增值税一些具体问题规定的通知》	财税〔1995〕48号	1995年5月25日	财政部、国家税务总局
8	《中华人民共和国税收征收管理法实施细则》（2016年修订）	中华人民共和国国务院令（第666号）	2016年2月6日	国务院
9	《关于推进经济发展方式转变和产业结构调整的若干政策意见》	沪府办发〔2008〕38号	2008年8月23日	上海市财政局、上海市发展和改革委员会、上海市经济委员会、上海市地方税务局和上海市对外经济贸易委员会
10	《关于企业所得税应纳税所得额若干税务处理问题的公告》	国家税务总局公告2012年第15号	2011年1月1日	国家税务总局
11	《国家税务总局关于企业所得税核定征收有关问题的公告》	国家税务总局公告2012年第27号	2012年1月1日	国家税务总局

附表5 国内主板、中小企业板上市相关法规文件索引

序号	名称	文号	实施日期	发文机构
1	《首次公开发行股票并上市管理办法》（2018年修正）	中国证券监督管理委员会令第141号	2018年6月6日	中国证券监督管理委员会
2	《公开发行证券的公司信息披露内容与格式准则第9号——首次公开发行股票并上市申请文件》（2006年修订）	证监发行字〔2006〕6号	2006年5月18日	中国证券监督管理委员会
3	《公开发行证券的公司信息披露内容与格式准则第1号——招股说明书》（2015年修订）	证监发行字〔2015〕32号	2015年12月30日	中国证券监督管理委员会
4	《上海证券交易所证券发行上市业务指引》（2018年修订）	上证发〔2018〕42号	2018年6月15日	上海证券交易所
5	《上海证券交易所证券上市审核实施细则》（2017修订）		2017年12月23日	上海证券交易所
6	《深圳证券交易所首次公开发行股票发行与上市指南》（2018年修订）	深证〔2018〕492号	2018年10月19日	深圳证券交易所

附表6 国内创业板上市相关法规文件索引

序号	名称	文号	实施日期	发文机构
1	《首次公开发行股票并在创业板上市管理办法》（2018年修订）	中国证券监督管理委员会令第142号	2018年6月6日	中国证券监督管理委员会

续表

序号	名称	文号	实施日期	发文机构
2	《创业板上市公司证券发行管理暂行办法》	中国证券监督管理委员会令第100号	2014年5月14日	中国证券监督管理委员会
3	《公开发行证券的公司信息披露内容与格式准则第28号——创业板公司招股说明书》（2015年修订）	证监会公告〔2015〕33号	2016年1月1日	中国证券监督管理委员会
4	《公开发行证券的公司信息披露内容与格式准则第29号——首次公开发行股票并在创业板上市申请文件》（2014年修订）	中国证券监督管理委员会公告〔2014〕29号	2014年6月11日	中国证券监督管理委员会
5	《深圳证券交易所创业板市场投资者适当性管理实施办法》	深证发〔2009〕17号	2009年7月15日	深圳证券交易所
6	《创业板市场投资者适当性管理业务操作指南》		2009年7月2日	深圳证券交易所

附表7 "新三板"挂牌相关法规文件索引

序号	名称	文号	实施日期	发文机构
1	《国务院关于全国中小企业股份转让系统有关问题的决定》	国发〔2013〕49号	2013年12月13日	国务院
2	《关于修改〈非上市公众公司监督管理办法〉的决定》	中国证券监督管理委员会令第96号	2013年12月26日	中国证券监督管理委员会

续表

序号	名称	文号	实施日期	发文机构
3	《非上市公众公司信息披露内容与格式准则第1号——公开转让说明书》	中国证券监督管理委员会公告〔2013〕50号	2013年12月26日	中国证券监督管理委员会
4	《非上市公众公司信息披露内容与格式准则第2号——公开转让股票申请文件》	中国证券监督管理委员会公告〔2013〕51号	2013年12月26日	中国证券监督管理委员会
5	《全国中小企业股份转让系统股票挂牌业务操作指南（试行）》（2017年修订）	股转系统公告〔2017〕147号	2017年6月16日	全国中小企业股份转让系统有限责任公司
6	《全国中小企业股份转让系统业务规则（试行）》	股转系统公告〔2013〕40号	2013年12月30日	全国中小企业股份转让系统有限责任公司
7	《全国中小企业股份转让系统公开转让说明书内容与格式指引（试行）》	股转系统公告〔2013〕42号	2013年12月30日	全国中小企业股份转让系统有限责任公司
8	《全国中小企业股份转让系统股票发行业务细则（试行）》	股转系统公告〔2013〕49号	2013年12月30日	全国中小企业股份转让系统有限责任公司
9	《中国证监会关于进一步推进全国中小企业股份转让系统发展的若干意见》	中国证券监督管理委员会公告〔2013〕26号	2015年11月16日	中国证券监督管理委员会
10	《全国中小企业股份转让系统分层管理办法》	股转系统公告〔2019〕1843号	2019年12月27日	全国中小企业股份转让系统有限责任公司

附表8 公司治理相关法规文件索引

序号	名称	文号	实施日期	发文机构
1	《上市公司治理准则》（2018年修订）	中国证券监督管理委员会公告〔2018〕29号	2018年9月30日	中国证券监督管理委员会、国家经济贸易委员会
2	《上市公司章程指引》（2019年修订）	中国证券监督管理委员会公告〔2019〕10号	2019年4月17日	中国证券监督管理委员会
3	《深圳证券交易所交易规则》（2019年修订）	深证会〔2019〕23号	2019年1月11日	深圳证券交易所
4	《深圳证券交易所股票上市规则》（2019年修订）	深证上〔2019〕245号	2019年4月30日	深圳证券交易所
5	《深圳证券交易所中小企业板上市公司规范运作指引》（2015年修订）		2015年3月20日	深圳证券交易所
6	《深圳证券交易所创业板股票上市规则》（2019年修订）	深证上〔2019〕245号	2019年4月30日	深圳证券交易所
7	《深圳证券交易所创业板上市公司规范运作指引》（2015年修订）		2015年3月20日	深圳证券交易所
8	《上市公司股东大会规则》（2016年修订）	中国证券监督管理委员会公告〔2016〕22号	2016年9月30日	中国证券监督管理委员会
9	《关于规范上市公司对外担保行为的通知》	证监发〔2005〕120号	2006年1月1日	中国证券监督管理委员会、中国银行业监督管理委员会
10	《关于规范上市公司与关联方资金往来及上市公司对外担保若干问题的通知》（2017年修订）	证监会公告〔2017〕16号	2017年12月7日	中国证券监督管理委员会

续表

序号	名称	文号	实施日期	发文机构
11	《上海证券交易所上市公司关联交易实施指引》（仅做参考）	上证公字〔2011〕5号	2011年5月1日	上海证券交易所
12	《上市公司监管指引第2号——上市公司募集资金管理和使用的监管要求》	证监会公告〔2012〕44号	2012年12月9日	中国证券监督管理委员会
13	《中国证券监督管理委员会关于修改上市公司现金分红若干规定的决定》	中国证券监督管理委员会令第57号	2008年10月9日	中国证券监督管理委员会
14	《中国证券监督管理委员会关于进一步落实上市公司现金分红有关事项的通知》		2012年5月4日	中国证券监督管理委员会
15	《中国证监会发行监管部、创业板发行监管部、会计部关于做好首次公开发行股票公司2012年度财务报告专项检查工作的通知》	发行监管函〔2012〕551号	2012年12月28日	中国证券监督管理委员会

附表9 境外证券市场上市相关法规文件索引

序号	名称	文号	实施日期	发文机构
1	《国家外汇管理局关于境内居民通过特殊目的公司境外投融资及返程投资外汇管理有关问题的通知》	汇发〔2014〕37号	2014年7月4日	国家外汇管理局
2	《国家外汇管理局关于印发〈外国投资者境内直接投资外汇管理规定〉及配套文件的通知》（2019年部分条款废止）	汇发〔2013〕21号；汇发〔2019〕39号废止汇发〔2013〕21号中部分条款	2013年5月13日；2019年12月30日废止其中部分条款	国家外汇管理局

续表

序号	名称	文号	实施日期	发文机构
3	《关于规范境内上市公司所属企业到境外上市有关问题的通知》	证监发〔2004〕67号	2004年7月21日	中国证券监督管理委员会
4	《国务院关于进一步加强在境外发行股票和上市管理的通知》	国发〔1997〕21号	1997年6月20日	国务院
5	《关于到香港上市公司对公司章程作补充修改的意见的函》	证监海函〔1995〕1号	1995年4月3日	中国证券监督管理委员会、国家经济体制改革委员会
6	《到境外上市公司章程必备条款》	证委发〔1994〕21号	1994年9月29日	国务院证券委员会、国家经济体制改革委员
7	《合格境内机构投资者境外证券投资外汇管理规定》	国家外汇管理局公告2013年第1号	2013年8月21日	国家外汇管理局

附录3 尽职调查内容清单

一、业务考察

（一）公司发展历史调查

1. 部门、子公司及公司组织结构演变过程

2. 公司过去的产品、服务及市场情况

（二）公司经营范围调查

1. 产品/服务类别清单

2. 公司前十大客户名单及对其销售金额

3. 主要产品销售明细

4. 占公司总业务80%的子公司或部门名单

（三）公司收入构成调查

1. 公司收入来源构成明细

2. 经常性收入占总收入的比重及来源明细

3. 构成经常性收入来源的主要产品和服务说明

4. 产品定价

5. 提供维修服务的期限

6. 与客户发生摩擦的记录

7. 长期性主营业务与过渡性业务描述

8. 季节性变化

9. 周期性

（四）竞争对手/市场份额调查

1. 产品市场规模、增长潜力及市场份额分布

2. 公司产品的主要竞争对手名单及公司对竞争者市场份额的估计

3. 在产品、价格、分销渠道及促销手段等方面与竞争对手的比较

（五）公司经营策略调查

1. 产品销路与服务需求

2. 竞争对手的规模及占有的市场份额

3. 公司产品的需求弹性

4. 短期及长期的风险/机会

5. 现行策略的脆弱性

（六）产品研究开发策略调查

1. 公司主要产品技术发展方向，研究重点及正在开发的产品和新产品清单

2. 收购新产品的机会判断

3. 从事开发的人力资源情况

4. 开发项目的组织、规划管理及控制描述

5. 新产品开发生产的质量保证及测试情况

6. 产品技术服务与支持

7. 产品更新换代周期

8. 过去几年的研究开发活动

9. 研究开发的资金需求及融资渠道，购买主要设备的需求及满足途径

10. 公司研究开发与竞争对手的比较

11. 公司拥有或已申请的专利与商标

（七）产品或服务的销售与促销调查

1. 营销机构、销售队伍与销售半径

2. 销售人员的地域分布及人数，销售队伍的素质、销售培训、市场及客户

3. 销售能力：推销员人均销售收入、报酬结构、账户范围、经验与培训

4. 销售程序

5. 分销渠道、配套市场，直销、分销商与代理商数量及分布

6. 代理销售协议范本（代销条件）

7. 广告与促销手段

8. 存在的主要问题说明

二、生产过程与生产设施

（一）生产设施调查

1. 设施与用地说明

2. 设施布局与环境状况

3. 重要设备新旧程度，维修维护情况，建造成本及净值可变说明

4. 设施所有权：拥有还是租赁？租赁条件是什么？

5. 受区域划分法之建筑规约的限制

6. 设施维修保养的资本化与折旧政策

（二）生产过程调查

1. 生产原料及辅助材料说明

2. 生产流程介绍

3. 独有的生产工艺设施及工艺技术说明

（三）质量保证情况调查

1. 产品或服务质量保证计划

2. 历史退货率记录

3. 产品质量测试程序、测试设备及测试人员素质

（四）生产过程中的环保问题调查

1. 目前与潜在的环保问题评估

2. 目前已完成的测试及相应的改进措施与改制效果

3. 面临经费问题估计

4. 保险情况

三、公司财务

（一）历史财务报表分析与考查

1. 损益表/利润表

（1）营业收入确认政策，收入分部门、分地区分布情况

（2）利润构成考查

（3）产品销售成本构成：直接材料、直接人工与制造费用

（4）管理费用、财务费用和销售费用明细及间接费用分配政策

（5）公司主要会计政策与会计估计说明（如折旧政策、成本核算方法、坏账准备计提、投资跌价损失准备、利息资本化政策、外币折算政策）等

（6）公司利润分配政策及历年利润分配情况说明

（7）税率和面临的赋税负担

2. 现金流量表与融资

（1）现金收入与构成

（2）现金支出与构成

（3）折旧与摊销政策及折旧与摊销金额

（4）资本支出与营运资金支出

（5）自由现金流量、融资需求与融资额

3. 资产负债表

（1）考查核实现金及现金等价物余额及本期变动情况

（2）存货明细（原料、在制品、成品等）及存货可变现资产考查，存货管理办法及管理效果，存货账面值与盘点记录比较

（3）应收款明细及相关管理措施：账目集中、欠款追讨、质量、准备金、疑问账目、注销记录、追索、过期账目、账龄分析、应收款政策等

（4）固定资产明细，历史成本与可变现价值，折旧政策等

（5）长期投资明细及长期投资管理办法

（6）银行长短期借款明细

（7）应付债券明细

（8）其他负债及备付科目考查：递延负债、预付及应收未付账项、现有合同中的保证及责任、准备金及客房赔偿金

（9）资产负债表外的资产（合资、少数投资、风险投资）与负债情况说明

（10）或有负债说明

4. 合并财务报表考查

5. 积压未交订货摘要（拨款与未拨款）

6. 主要合同摘要

（二）未来5年财务预测

1. 公司业务计划、主要客户摘要及主要业务部门资料（未来5年）

2. 损益表预测

从销售出发，考查预测数据并评价预测假设，合并财务报表（未来5年）

3. 现金流量表预测

主要考查投资需求、资本支出维持水平、计划资本支出、计划折旧和摊销时间表、账面和课税折旧及摊销预测、账面和课税资产寿命、融资需

求、产生净现金的能力

4.资产负债表预测

主要考查各主要账户的估计变动、固定资产变动、负债、流动负债变动情况及变动的合理性,与销售和损益的对照

(三)财务会计组织、管理与控制考查

1.据处理设施

2.财务申报结构(资料的收集与传播)

3.政府规定的会计程序

4.审计人员(内部与外部)

5.会计控制

6.现金管理制度

四、公司组织与管理

(一)组织

1.公司与业务部门组织结构图

2.公司上下级关系描述

3.子公司所有权、少数投资及合资企业

(二)管理层

1.主要管理与技术人员简历

2.管理人员酬金与雇佣合约

(三)员工

1.部门、地域、设施人员分布状况

2.工人技术状况

3.劳动力统计(年龄、受教育程度、工资水平)

4.人事政策及程序手册,劳资关系

5.人员流动统计

6.罢工记录

7.对具体关键人员的依赖程度描述

(四)报酬结构

1.薪金制与计时工

2.奖励计划(资金、股权与期权安排、储蓄计划等)

3. 退休与养老金计划（描述及资金提供状况）

五、其他相关情况调查

1. 专利／许可证／商标

2. 诉讼：可能影响公司业务的法规方面的未决变化

3. 与政府监管部门的情况及所需的批准概况

4. 保险单、承保水平及未清索赔摘要

5. 税务审计情况（在美国，包括部门／子公司的课税标准及过年的税单）

6. 最新股东名单及股数

7. 期权持有人名单及股权控制变化时其他股票／"金保护伞"领受者

8. 公司章程及附则（或同类文件）

9. 公司营业执照及其他注册登记文件

10. 银行贷款协议：股权控制变动条款

11. 审计师的处理文书

12. 过去的收购与公司分拆情况摘要

13. 未了结的合同关系

14. 国际经营：子公司结构、分销协议、销往国际市场的产品国际设施、销售队伍及促销安排、外汇问题与会计处理、外国税务情况、外国竞争的性质

15. 其他资产：闲置土地、营业净额

16. 非经营项目及中断的营业

17. 保险事项

附录4 国内各板块功能定位及对发行人的要求

	主板 （上交所、深交所）	中小企业板 （主板组成部分）	创业板	科创板
功能定位	面向经营相对稳定、盈利能力较强的大型成熟企业	主要服务于即将或已进入成熟期、盈利能力强的中小企业	以自主创新企业及其他成长型企业为服务对象	面向科技前沿、经济主战场、国家重大需求；优先支持符合国家战略，拥有关键核心技术，科技创新能力突出的成长性企业；兼顾新业态和新模式企业
主体资格	依法设立且合法存续的股份有限公司。自股份有限公司成立后，持续经营时间应当在3年以上，但经国务院批准的除外；有限责任公司按原账面净资产值折股整体变更为股份有限公司的，持续经营时间可以从有限责任公司成立之日起计算	依法设立且合法存续的股份有限公司。自股份有限公司成立后，持续经营时间应当在3年以上，但经国务院批准的除外；有限责任公司按原账面净资产值折股整体变更为股份有限公司的，持续经营时间可以从有限责任公司成立之日起计算	依法设立且持续经营3年以上的股份有限公司。有限责任公司按原账面净资产值折股整体变更为股份有限公司的，持续经营时间可以从有限责任公司成立之日起计算	依法设立且持续经营3年以上的股份有限公司。有限责任公司按原账面净资产值折股整体变更为股份有限公司的，持续经营时间可以从有限责任公司成立之日起计算

续表

	主板 （上交所、深交所）	中小企业板 （主板组成部分）	创业板	科创板
财务指标/市值指标	最近3个会计年度的累计净利润超过3000万元人民币（净利润以扣除非经常性损益前后较低者为计算依据）；最近3个会计年度经营活动产生的现金流净额累计超过5000万元人民币或最近3个会计年度累计营业收入超过3亿元人民币；最近一期无形资产（扣除土地使用权、水面养殖权和采矿权等后）占净资产的比例不超过20%；最近3个会计年度的财务报告中无虚假记载	最近3个会计年度的累计净利润超过3000万元人民币（净利润以扣除非经常性损益前后较低者为计算依据）；最近3个会计年度经营活动产生的现金流净额累计超过5000万元人民币或最近3个会计年度累计营业收入超过3亿元人民币；最近一期无形资产（扣除土地使用权、水面养殖权和采矿权等后）占净资产的比例不超过20%；最近3个会计年度的财务报告中无虚假记载	最近两个会计年度连续盈利，最近两个会计年度净利润累计不少于1000万元，且持续增长；或者最近一个会计年度盈利，且净利润不少于500万元，最近一个会计年度营业收入不少于5000万元，最近两个会计年度营业收入增长率均不低于30%。净利润以扣除非经常性损益前后孰低者为计算依据。最近一期末净资产不少于2000万元，且不存在未弥补亏损	符合一条即可：（一）预计市值不低于10亿元人民币，最近两年净利润均为正且累计净利润不低于5000万元人民币，或者预计市值不低于10亿元人民币，最近一年净利润为正且营业收入不低于1亿元人民币；（二）预计市值不低于15亿元人民币，最近一年营业收入不低于2亿元人民币，且最近3年累计研发投入占最近3年累计营业收入的比例不低于15%；（三）预计市值不低于20亿元人民币，最近一年营业收入不低于3亿元人民币，且最近3年经营活动产生的现金流量净额累计不低于1亿元人民币；（四）预计市值不低于30亿元人民币，且最近一年营业收入不低于3亿元人民币；（五）预计市值不低于40亿元人民币，主要业务或产品需经国家有关部门批准，市场空间大，目前已取得阶段性成果。医药行业企业需至少有一项核心产品获准开展二期临床试验，其他符合科创板定位的企业需具备明显的技术优势并满足相应条件

续表

	主板（上交所、深交所）	中小企业板（主板组成部分）	创业板	科创板
独立性	应具有完整的业务体系和直接面向市场独立经营的能力；资产应当完整；人员、财务、机构以及业务必须独立	应具有完整的业务体系和直接面向市场独立经营的能力；资产应当完整；人员、财务、机构以及业务必须独立	资产完整，业务及人员、财务、机构独立，具有完整的业务体系和直接面向市场独立经营的能力	应具有完整的业务体系和直接面向市场独立经营的能力；资产应当完整；人员、财务、机构以及业务必须独立
同业竞争	与控股股东、实际控制人及其控制的其他企业间不得有同业竞争；募集资金投资项目实施后，也不会产生同业竞争	与控股股东、实际控制人及其控制的其他企业间不得有同业竞争；募集资金投资项目实施后，也不会产生同业竞争	与控股股东、实际控制人及其控制的其他企业间不存在同业竞争，募集资金投资项目实施后，也不会产生同业竞争	与控股股东、实际控制人及其控制的其他企业间不存在同业竞争，募集资金投资项目实施后，也不会产生同业竞争
关联交易	与控股股东、实际控制人及其控制的其他企业间不得有显失公平的关联交易；应完整披露关联方关系并按重要性原则恰当披露关联交易；关联交易价格公允，不存在通过关联交易操纵利润的情形	与控股股东、实际控制人及其控制的其他企业间不得有显失公平的关联交易；应完整披露关联方关系并按重要性原则恰当披露关联交易；关联交易价格公允，不存在通过关联交易操纵利润的情形	与控股股东、实际控制人及其控制的其他企业间不得有严重影响公司独立性或者显失公允的关联交易；应完整披露关联方关系并按重要性原则恰当披露关联交易；关联交易价格公允，不存在通过关联交易操纵利润的情形	上市公司发生关联交易，应当保证关联交易的合法性、必要性、合理性和公允性，保持上市公司的独立性，不得利用关联交易调节财务指标，损害上市公司利益

续表

	主板 （上交所、深交所）	中小企业板 （主板组成部分）	创业板	科创板
股本及公众持股	发行前股本总额不少于3000万元人民币；上市股份公司股本总额不低于5000万元人民币；公开发行的股份达到公司股份总数的25%以上；公司股本总额超过4亿元人民币的，公开发行股份的比例为10%以上；企业的股权清晰，控股股东和受控股股东、实际控制人支配的股东持有的企业股份不存在重大权属纠纷	发行前股本总额不少于3000万元人民币；上市股份公司股本总额不低于5000万元人民币；公众持股至少为25%；如果发行时股份总额超过4亿元人民币，发行比例可以降低，但不得低于10%；企业的股权清晰，控股股东和受控股股东、实际控制人支配的股东持有的企业股份不存在重大权属纠纷	最近一期末净资产不少于2000万元，且不存在未弥补亏损，发行后股本总额不少于3000万元，企业的股权清晰，控股股东和受控股股东、实际控制人支配的股东所持企业的股份不存在重大权属纠纷	发行前股本总额不少于3000万元人民币，公众持股至少为25%；如果发行时股份总额超过4亿元人民币，发行比例可以降低，但不得低于10%；企业的股权清晰，控股股东和受控股股东、实际控制人支配的股东持有的企业股份不存在重大权属纠纷。
公司治理	企业已经依法建立健全股东大会、董事会、监事会、独立董事、董事会秘书制度，相关机构和人员能够依法履行职责；企业董事、监事和高级管理人员符合法律、行政法规和规章规定的任职资格；企业的董事、监事和高级管理人员已经了解与股票发行上市有关的法律法规，知悉上市公司及其董事、监事和高级管理人员的法定义务和责任；内部控制制度健全且被有效执行，能够合理保证财务报告的可靠性、生产经营的合法性、营运的效率与效果	企业已经依法建立健全股东大会、董事会、监事会、独立董事、董事会秘书制度，相关机构和人员能够依法履行职责；企业董事、监事和高级管理人员符合法律、行政法规和规章规定的任职资格；企业的董事、监事和高级管理人员已经了解与股票发行上市有关的法律法规，知悉上市公司及其董事、监事和高级管理人员的法定义务和责任；内部控制制度健全且被有效执行，能够合理保证财务报告的可靠性、生产经营的合法性、营运的效率与效果	具有完善的公司治理结构，依法建立健全股东大会、董事会、监事会以及独立董事、董事会秘书、审计委员会制度，相关机构和人员能够依法履行职责。并且公司的董事、监事和高级管理人员符合法律、行政法规和规章规定的任职资格；公司的董事、监事和高级管理人员已经了解与股票发行上市有关的法律法规，知悉	上市公司应当建立健全股东大会、董事会、监事会和经理层制度，形成权责分明、有效制衡的决策机制，并且公司的董事、监事和高级管理人员符合法律、行政法规和规章规定的任职资格；公司的董事、监事和高级管理人员已经了解与股票发行上市有关的法律法规，知悉上市公司及其董事、监事和高级管理人员的法定义务和责任；内部控制制度健全且被有效执行，能够合理保证财务报告的可靠性、生产经营的合法性、营运的效率与效果

续表

	主板 （上交所、深交所）	中小企业板 （主板组成部分）	创业板	科创板
公司治理			上市公司及其董事、监事和高级管理人员的法定义务和责任；内部控制制度健全且被有效执行，能够合理保证财务报告的可靠性、生产经营的合法性、营运的效率与效果	
持续盈利能力			不存在如下情形：经营模式、产品或服务的品种结构已经或者将发生重大变化，并对公司的持续盈利能力构成重大不利影响；行业地位或公司所处行业的经营环境已经或者将发生重大变化，并对公司的持续盈利能力构成重大不利影响；公司在用的商标、专利、专有技术、特许经营权等重要资产或者技术的取得或者使用存在重大不利变化的风险；公司最近一年的营业收入或净利润对关联方或者有重大不确定性的客户存在重大依赖；公司最近一年的净利润主要来自合并财务报表范围以外的投资收益；其他可能对公司持续盈利能力构成重大不利影响的情形	仅对发行后总股本有要求，未盈利企业可在科创板上市

续表

	主板 （上交所、深交所）	中小企业板 （主板组成部分）	创业板	科创板
其他要求	企业最近3年内主营业务和董事、高级管理人员没有发生重大变化，实际控制人没有发生变更；企业的注册资本已足额缴纳，发起人或者股东用作出资的资产的财产权转移手续已办理完毕，企业的主要资产不存在重大权属纠纷；企业的生产经营符合法律、行政法规和公司章程的规定，符合国家产业政策；最近3年内不得有重大违法行为	企业最近3年内主营业务和董事、高级管理人员没有发生重大变化，实际控制人没有发生变更；企业的注册资本已足额缴纳，发起人或者股东用作出资的资产的财产权转移手续已办理完毕，企业的主要资产不存在重大权属纠纷；企业的生产经营符合法律、行政法规和公司章程的规定，符合国家产业政策；最近3年内不得有重大违法行为	企业最近2年内主营业务和董事、高级管理人员没有发生重大变化，实际控制人没有发生变更；企业的注册资本已足额缴纳，发起人或者股东用作出资的资产的财产权转移手续已办理完毕，公司的主要资产不存在重大权属纠纷；公司的生产经营符合法律、行政法规和公司章程的规定，符合国家产业政策；最近3年内不得有重大违法行为	企业最近2年内主营业务和董事、高级管理人员没有发生重大变化，实际控制人没有发生变更；控股股东和受控股股东、实际控制人支配的股东所持发行人的股份权属清晰，最近2年内实际控制人没有发生变更，不存在导致控制权可能变更的重大权属纠纷；最近3年内不得有重大违法行为

附录5 股权激励九种模式比较

模式	定义	优点	缺点	适用范围	已实施公司
股票期权	给予经理人员在某一期限内，以一个事先约定的固定价格来购买本公司股票的权利（作为股权激励可能附带一些行权条件，下同）	①实现了经营者与资产所有者利益的高度捆绑。②可锁定期权人的风险，股票期权持有人不行权就没有任何额外损失。③有利于企业降低激励成本。④激励力度比较大	①过分依赖股票市场的有效性。②可能带来大量的经理人短期行为。③股票来源和退出渠道存在问题。④经理人经营选聘机制存在问题，缺乏经理人市场	适合初始资本投入较少，资本增值较快，在增值过程中人力资本增值效果明显的公司	长源电力、清华同方、东方电子、中兴通讯、中捷股份、双鹭药业
股份期权	又称期股，公司和经理人约定将来某一时期内以一定的价格购买一定数量的股票（购股价格一般参照当前价格确定）	股票来源问题得以较好解决。除有偿购买之外，其余优点同股票期权	需要花钱购买期权，行权是强制性的，经理人风险较股票期权大	适用于上市和非上市公司，非上市公司中应用前景较大	中关村置业、博飞仪器、北开股份、金星笔业、凯建建筑、大明眼镜、菜市口百货、上海埃通
业绩股票	又称业绩股权，公司在年初与经营者确定业绩目标和与之对应的股票授予数量，如果激励对象年末实现目标，则公司提取奖励基金为其购买一定数量的股票	①能够激励公司高管人员努力完成业绩目标。②激励和约束对等，约束性强。③比较规范，经股东大会通过即可实行，可操作性强。④激励效果明显，且每年实行一次，能发挥滚动激励、滚动约束的良好作用	①公司的业绩目标确定的科学性很难保证，容易导致公司高管人员为获得业绩股票而弄虚作假。②激励成本较高，有可能造成公司支付现金的压力	只对公司业绩目标进行考核，不要求股价上涨，适合业绩稳定性的上市公司及非上市公司	佛山照明、广东福地、天药股份、金陵股份、泰达股份、电广传媒、东阿阿胶、光明乳业

续表

模式	定义	优点	缺点	适用范围	已实施公司
业绩单位	本质上是一种承诺,公司事先设定若干绩效指标,在规定的绩效期内(一般较长)经理人员可以实现,公司支付经理人员一定数额的现金	和业绩股票相比,业绩单位减少了股价的影响	除对企业现金流压力较大之外,其余与业绩股票相同	适用于业绩稳定、现金流状况较好的上市公司或非上市公司	东方创业、天通股份、天大天财
限制性股票	公司为实现某一特定目标,无偿将一定数量的股票赠与(或以较低的价格售与)激励对象,当激励对象完成目标后才可抛售股票,未实现目标股票将被收回(或按出售价格回购)	从本质上属于业绩股票。①有可能是免费或低价获得,激励更强。②通过对业绩条件、禁售期限的严格规定,使激励和约束对等。③与股票期权相比,解决了购股资金的来源问题	会促使经理人放弃对高风险、高回报项目的投资,其余缺点同业绩股票	结合了股票期权和业绩股票的优点,适用于上市和公司非上市公司	万科、华侨城、G深振业、浙江创业、中远发展
虚拟股票	公司授予激励对象虚拟的股票,如果实现公司目标被授予者可以享受分红或股价升值收益,虚拟股票没有所有权和表决权,不能转让和出售,离开公司时收回	①不影响公司的总资本和股本结构,不会导致控制权争夺的矛盾。②规避了股票市场风险对虚拟股票持有人收益的影响。③具有一定的约束作用。因为获得分红收益的前提是实现公司的业绩目标,并且收益是在未来实现的	①激励对象可能因考虑分红,减少甚至不实行企业资本公积金的积累,而过分关注企业短期利益。②企业分红意愿强烈,导致公司现金支付压力比较大	适合现金流量比较充裕的非上市公司和上市公司	银河科技、上海贝岭

续表

模式	定义	优点	缺点	适用范围	已实施公司
股票增值权	公司授予经营者一种权利，在规定期限内，公司股票或业绩上升，经营者可以按一定比例获得公司股票或业绩上升所带来的收益	①操作方便、快捷。②审批程序简单，无须解决股票来源问题	①激励对象不能获得真正意义上的股票，激励效果相对较差。②对资本市场有效性依赖较大，可能导致公司高管层与庄家合谋操纵公司股价等问题。③公司现金支付压力较大	较适合现金流量比较充裕且比较稳定的上市公司和现金流量比较充裕的非上市公司	三毛派神、中国石化（H股）、深高速
延期支付	公司为激励对象设置一揽子薪酬收入计划，其中有一部分属于股权激励收入按当日公司股价折算成股票数量，在既定的期限后再以公司股票的形式或期满时公司股票的现金价值支付给激励对象	①减少了经理人员的短期行为，有利于长期激励，留住并吸引人才。②可操作性强。③部分奖金以股票形式获得，因此具有避税作用。④风险收益对等。⑤可以用现金方式对经理人的利益进行长期捆绑，应用前景非常广阔	①公司高管人员持有公司股票数量相对较少，难以产生较强的激励力度。②股票二级市场风险不确定，经理人不能及时将薪酬变现	比较适合业绩稳定型的上市和非上市公司及集团公司、子公司	宝信软件、三木集团、武汉中商、武汉中百、鄂武商
员工持股计划	公司内部员工个人出资认购本公司部分股份，并委托公司进行集中管理的产权组织形式	①是国有法人股减持的一个渠道。②具有普遍福利作用。③解决了高管和员工收入不均衡的问题	①会导致股权过分分散。②激励力度不足	比较适合高科技企业、创业板上市公司及其子公司等人力资源较强的企业	

附录6 各板块申请文件目录

	首次公开发行股票并在科创板上市申请文件目录（申报稿）		首次公开发行股票并在主板上市申请文件目录（申报稿）		首次公开发行股票并在创业板上市申请文件目录（申报稿）	
第一章 招股文件	1-1	招股说明书（申报稿）	1-1	招股说明书（申报稿）	1-1	招股说明书（申报稿）
	/		1-2	招股说明书摘要	1-2	发行人控股股东、实际控制人对招股说明书的确认意见（发行前提供）
	/		1-3	发行公告（发行前提供）	1-3	发行公告（发行前提供）
第二章 发行人关于本次发行上市的申请与授权文件	2-1	关于本次公开发行股票并在科创板上市的申请报告	2-1	发行人关于本次发行的申请报告	2-1	发行人关于本次发行的申请报告
	2-2	董事会有关本次发行并上市的决议	2-2	发行人董事会有关本次发行的决议	2-2	发行人董事会有关本次发行的决议
	2-3	股东大会有关本次发行并上市的决议	2-3	发行人股东大会有关本次发行的决议	2-3	发行人股东大会有关本次发行的决议
	2-4	关于符合科创板定位要求的专项说明	/		/	
第三章 保荐人和证券服务机构关于本次发行上市的文件	3-1	保荐人关于本次发行上市的文件	3-1	发行保荐书	3-1	保荐保荐书
	3-1-1	关于发行人符合科创板定位要求的专项意见	/		3-1-1	发行保荐书（附：发行人成长性专项意见）

首次公开发行股票并在科创板上市申请文件目录		首次公开发行股票并在主板上市申请文件目录		首次公开发行股票并在创业板上市申请文件目录	
第三章 保荐人和证券服务机构关于本次发行上市的文件	3-1-2 发行保荐书		/	3-1-2	发行保荐工作报告（附：关于保荐项目重要事项与尽职调查情况问核表）
	3-1-3 上市保荐书		/	3-2	注册会计师关于本次发行的文件
	3-1-4 保荐工作报告		/	3-2-1	财务报表及审计报告
	3-1-5 关于发行人预计市值的分析报告（如适用）		/	3-2-2	发行人审计报告基准日至招股说明书签署日之间的相关财务报表及审阅报告（发行前提供）
	3-1-6 保荐机构相关子公司参与配售的相关文件（如有）	保荐人关于本次发行的文件	/	3-2-3	盈利预测报告及审核报告
	3-2 会计师关于本次发行上市的文件		/	3-2-4	内部控制鉴证报告
	3-2-1 财务报表及审计报告		/	3-2-5	经注册会计师鉴证的非经常性损益明细表
	3-2-2 发行人审计报告基准日至招股说明书签署日之间的相关财务报表及审阅报告（如有）		/	3-3	发行人律师关于本次发行的文件
	3-2-3 盈利预测报告及审核报告（如有）		/	3-3-1	法律意见书

首次公开发行股票并在科创板上市申请文件目录		首次公开发行股票并在主板上市申请文件目录		首次公开发行股票并在创业板上市申请文件目录	
3-2-4	内部控制鉴证报告	/		/	
3-2-5	经注册会计师鉴证的非经常损益明细表	/		/	
3-3	发行人律师关于本次发行的文件	/		/	
3-3-1	法律意见书	/		/	
3-3-2	律师工作报告	/		3-3-2 律师工作报告	
3-3-3	关于发行人董事、监事、高级管理人员，发行人控股股东和实际控制人在相关文件上签名盖章的真实性的鉴证意见	/		/	
3-3-4	关于申请电子文件与预留原件一致的鉴证意见	/		/	
4-1	发行人的企业法人营业执照	4-1	财务报表及审计报告	4-1	发行人的企业法人营业执照
4-2	发行人公司章程（草案）	4-2	盈利预测报告及审核报告	4-2	发起人协议
4-3	发行人关于公司设立以来股东演变情况的说明及其董事、监事、高级管理人员的确认意见	4-3	内部控制鉴证报告	4-3	发起人或主要股东的营业执照或有关身份证明文件
4-4	商务主管部门出具的外资确认文件（如有）	4-4	经注册会计师核验的非经常性损益明细表	4-4	发行人公司章程（草案）

（注：第三章"保荐人和证券服务机构关于本次发行上市的文件"；第四章"发行人的设立文件"）

		首次公开发行股票并在科创板上市申请文件目录		首次公开发行股票并在主板上市申请文件目录		首次公开发行股票并在创业板上市申请文件目录	
第四章	发行人的设立文件	/	会计师关于本次发行的文件	/		4-5	发行人关于公司设立以来股本演变情况的说明及其董事、监事、高级管理人员的确认意见
		/		/		4-6	国有资产管理部门出具的国有股权设置及转持批复文件及商务主管部门出具的外资股确认文件
第五章		5-1	发行人关于最近三年及一期的纳税情况及政府补助情况	5-1	法律意见书	5-1	发行人关于最近三年及一期的纳税情况的说明
		5-1-1	发行人最近三年及一期所得税纳税申报表	5-2	律师工作报告	5-1-1	发行人最近三年及一期所得税纳税申报表
		5-1-2	有关发行人税收优惠、政府补助的证明文件		发行人律师关于本次发行的文件	5-1-2	主管税收征管机构出具的最近三年及一期发行人纳税情况的证明
	与财务会计资料相关的其他文件	5-1-3	主要税种纳税情况的说明	/		/	成立不满三年及一期的需报送的财务资料
		5-1-4	注册会计师对主要税种纳税情况说明出具的意见	/		5-2	最近三年原企业或股份有限公司的原始财务报表
		5-1-5	发行人及其重要子公司或主要经营机构最近三年及一期纳税情况的证明	/		5-2-1	原始财务报表与申报财务报表的差异比较表
						5-2-2	

第五章	首次公开发行股票并在科创板上市申请文件目录		首次公开发行股票并在主板上市申请文件目录		首次公开发行股票并在创业板上市申请文件目录	
与财务会计资料相关的其他文件	5-2	发行人需报送的其他财务资料	/	发行人律师关于本次发行的文件	5-2-3	注册会计师对差异情况出具的意见
	5-2-1	最近三年及一期原始财务报表	/		5-3	成立已满三年的股份有限公司需报送的财务资料
	5-2-2	原始财务报表与申报财务报表的差异比较表	/		5-3-1	最近三年原始财务报表
	5-2-3	注册会计师对差异情况出具的意见	/		5-3-2	原始财务报表与申报财务报表的差异比较表
	5-3	发行人设立时和最近三年及一期资产评估报告（如有）	/		5-3-3	注册会计师对差异情况出具的意见
	5-4	发行人历次验资报告或出资证明	/		5-4	发行人设立时和最近三年及一期的资产评估报告（含土地评估报告）
	5-5	发行人大股东或控股股东最近一年及一期的原始财务报表及审计报告（如有）	/		5-5	发行人的历次验资报告
	/		/		5-6	发行人大股东或控股股东最近三年及一期的原始财务报表及申报报告

附录

首次公开发行股票并在主板上市申请文件目录		首次公开发行股票并在创业板上市申请文件目录		首次公开发行股票并在科创板上市申请文件目录	
第六章 关于本次发行上市募集资金运用的文件					
6-1	发行人关于募集资金运用方向的总体安排及其合理性、必要性的说明	6-1	关于本次发行募集资金运用的文件	6-1	关于本次发行募集资金运用的文件
6-2	募集资金投资项目的审批、核准或备案文件（如有）	6-1-1	发行人关于募集资金运用的总体安排说明		
6-3	发行人拟收购资产（或股权）的财务报表、审计报告、资产评估报告、盈利预测报告（如有）	6-1-2	募集资金投资项目的审批、核准或备案文件		
6-4	发行人拟收购资产（或股权）的合同或合同草案（如有）	6-1-3	发行人拟收购资产（或股权）的财务报表、资产评估报告及审计报告		
/		6-1-4	发行人拟收购资产（或股权）的合同或合同草案		
/		6-2	产权和特许经营权证书		
其他文件					
/		6-2-1	发行人拥有或使用的商标、专利、计算机软件著作权等知识产权以及土地使用权、房屋所有权、采矿权等产权证书使用者名称（需列明证书所有者名称、证书号内容、权利期限、取得方式，是否存在任何种他权利等内容，并由发行人律师对全部产权证书的真实性、合法性和有效性出具鉴证意见）				

227

首次公开发行股票并在科创板上市申请文件目录	首次公开发行股票并在主板上市申请文件目录	首次公开发行股票并在创业板上市申请文件目录		
			6-2-2	特许经营权证书
/	/	6-3	重要合同
/	/	6-3-1	商标、专利、专有技术等知识产权许可使用协议
/	/	6-3-2	重大关联交易协议
/	/	6-3-3	重组协议
/	/	6-3-4	其他重要商务合同
/	/	6-4	承诺事项
/	发行人的设立文件	其他文件	6-4-1	发行人及其实际控制人、控股股东、持股5%以上股东以及发行人董事、监事、高级管理人员等责任主体的重要承诺以及未履行承诺的约束措施
/	/	6-4-2	有关消除或避免同业竞争的协议以及发行人的控股股东和实际控制人出具的相关承诺
第六章 关于本次发行上市募集资金运用的文件	/	/	6-4-3	发行人全体董事、监事、高级管理人员对发行申请文件真实性、准确性、完整性、及时性的承诺书

章	首次公开发行股票并在科创板上市申请文件目录	首次公开发行股票并在主板上市申请文件目录	首次公开发行股票并在创业板上市申请文件目录
第六章 关于本次发行上市募集资金运用的文件	/	/	其他文件 6-5 关于发行人董事、监事、高级管理人员、发行人控股股东和实际控制人在相关文件上签名盖章的真实性的鉴证意见
	发行人的设立文件	/	6-6 发行人生产经营和募集资金投资项目符合环境保护要求的证明文件（重污染行业的发行人需提供符合国家环保部门规定的证明文件）
	/	/	6-7 特定行业（或企业）的管理部门出具的相关意见
	/	/	6-8 保荐协议和承销协议
第七章 其他文件	7-1 产权和特许经营权证书	关于本次发行募集资金运用的文件 7-1 募集资金投资项目的审批、标准或备案文件	/
	7-1-1 发行人拥有或使用的对其生产经营有重大影响的商标、专利、计算机软件著作权等知识产权以及土地使用权、房屋所有权等所有权证书清单（需列明证书名称、所有者或使用者名称、取得期限、权利期限、取得方式、证书号码、是否存在任何其他权利等内容）	7-2 发行人拟收购资产（或股权）的财务报表、资产评估报告及审计报告	/

首次公开发行股票并在科创板上市申请文件目录		首次公开发行股票并在主板上市申请文件目录		首次公开发行股票并在创业板上市申请文件目录
7-1-2	发行人律师就7-1-1清单所列产权证书出具的鉴证意见	7-3	发行人拟收购资产（或股权）的合同或合同草案	
7-1-3	特许经营权证书（如有）		/	
7-2	重要合同		/	
7-2-1	对发行人有重大影响的商标、专利、专有技术等知识产权许可使用协议（如有）		/	
7-2-2	重大关联交易协议（如有）		/	
7-2-3	重组协议（如有）	关于本次发行募集资金运用的文件	/	
7-2-4	特别表决权股份等差异化表决安排涉及的协议（如有）		/	
7-2-5	高管员工配售协议（如有）		/	
7-2-6	其他重要商务合同（如有）		/	
7-3	特定行业（或企业）的管理部门出具的相关意见（如有）		/	
7-4	承诺事项		/	
7-4-1	发行人及其实际控制人、控股股东、持股5%以上股东以及发行人董事、监事、高级管理人员等承担主体的重要承诺以及未履行承诺的约束措施		/	

	首次公开发行股票并在科创板上市申请文件目录	首次公开发行股票并在主板上市申请文件目录	首次公开发行股票并在创业板上市申请文件目录
	7-4-2 有关消除或避免同业竞争的协议以及发行人的控股股东和实际控制人出具的相关承诺	/	
	7-4-3 发行人全体董事、监事、高级管理人员对发行申请文件真实性、准确性、完整性的承诺书	/	
	7-4-4 发行人控股股东、实际控制人对招股说明书的确认意见	/	
	7-4-5 发行人关于申请电子文件与预留原件一致的承诺函	/	
第七章 其他文件	7-4-6 保荐人关于申请电子文件与预留原件一致的承诺函	/	关于本次发行募集资金运用的文件
	7-4-7 发行人保证不影响和干扰审核的承诺函	/	
	7-5 说明事项	/	
	7-5-1 发行人关于申请文件不适用情况的说明	/	
	7-5-2 发行人关于招股说明书不适用情况的说明	/	
	7-5-3 信息披露豁免申请（如有）	/	
	7-6 保荐协议	/	
	7-7 其他文件	/	

首次公开发行股票并在科创板上市申请文件目录	首次公开发行股票并在主板上市申请文件目录		首次公开发行股票并在创业板上市申请文件目录
	8-1	发行人关于最近三年及一期的纳税情况的说明	
	8-1-1	发行人最近三年及一期所得税纳税申报表	
	8-1-2	有关发行人税收优惠、财政补贴的证明文件	
	8-1-3	主要税种纳税情况的说明及注册会计师出具的意见	
第八章 与财务会计资料相关的其他文件	8-1-4	主管税收征管机构出具的最近三年及一期发行人纳税情况的证明	
	8-2	成立不满三年的股份有限公司需报送的财务资料	
	8-2-1	最近三年原企业或股份公司的原始财务报表	
	8-2-2	原始财务报表与申报财务报表的差异比较表	
	8-2-3	注册会计师对差异情况出具的意见	
	8-3	成立已满三年的股份有限公司需报送的财务资料	

首次公开发行股票并在科创板上市申请文件目录	首次公开发行股票并在主板上市申请文件目录			首次公开发行股票并在创业板上市申请文件目录
	第八章	与财务会计资料相关的其他文件	8-3-1 最近三年原始财务报表	
			8-3-2 原始财务报表与申报财务报表的差异比较表	
/			8-3-3 注册会计师对差异情况出具的意见	/
			8-4 发行人设立时和最近三年及一期的资产评估报告（含土地评估报告）	
			8-5 发行人的历次验资报告	
			8-6 发行人大股东或控股股东最近三年及一期的原始财务报表及审计报告	
	第九章	其他文件	9-1 产权和特许经营权证书	
/			9-1-1 发行人拥有或使用的商标、专利、计算机软件著作权等知识产权以及土地使用权、房屋所有权、采矿权等产权证书清单（需列明证书名称、权利期限、取得方式、证书号码，及是否存在任何他种其他项权利等内容，并由发行人律师对全部产权证书的真实性、合法性和有效性出具鉴证意见）	/
			9-1-2 特许经营权证书	

首次公开发行股票并在科创板上市申请文件目录	首次公开发行股票并在主板上市申请文件目录		首次公开发行股票并在创业板上市申请文件目录
	9-2	有关消除或避免同业竞争的协议以及发行人的控股股东和实际控制人出具的相关承诺	
	9-3	国有资产管理部门出具的国有股权设置批复文件及商务部出具的外资股确认文件	
	9-4	发行人生产经营和募集资金投资项目符合环境保护要求的证明文件（重污染行业的发行人需提供省级环保部门出具的证明文件）	
第九章 其他文件	9-5	重要合同	/
	9-5-1	重组协议	
	9-5-2	商标、专利、专有技术等知识产权许可使用协议	
	9-5-3	重大关联交易协议	
	9-5-4	其他重要商务合同	
	9-6	保荐协议和承销协议	
	9-7	发行人全体董事对发行申请文件真实性、准确性和完整性的承诺书	
	9-8	特定行业（或企业）的管理部门出具的相关意见	

首次公开发行股票并在科创板上市申请文件目录	首次公开发行股票并在主板上市申请文件目录		首次公开发行股票并在创业板上市申请文件目录
第十章 /	10-1	有关内部职工股发行和演变情况的文件	
	10-1-1	历次发行内部职工股的批准文件	
	10-1-2	内部职工股发行的证明文件	
	10-1-3	托管机构出具的历次托管证明	
	10-1-4	有关违规清理情况的文件	
	10-1-5	发行人律师对前述文件真实性的鉴证意见	
	10-2	省级人民政府或国务院有关部门关于发行人内部职工股审批、发行、托管、清理以及是否存在潜在隐患等情况的确认文件	
	10-3	中介机构的意见	
	10-3-1	发行人律师关于发行人内部职工股审批、发行、托管和清理情况的核查意见	
	10-3-2	保荐人关于发行人内部职工股审批、发行、托管和清理情况的核查意见	

注：楷体部分为各自板块特有的申请文件。